L'ESPIÈGLE ET LE DORMEUR,

OU

LE REVENANT

DU CHATEAU DE BEAUSOL,

COMÉDIE

EN TROIS ACTES ET EN PROSE,

IMITÉE DE L'ALLEMAND,

PAR A. J. DUMANIANT;

Représentée pour la première fois, à Paris, sur le Théâtre de l'Impératrice, le 28 Juin 1806.

A PARIS,

Chez MARTINET, Libraire, rue du Coq, n° 15.

1806.

L'ESPIÈGLE ET LE DORMEUR,

COMÉDIE.

ACTE PREMIER.

(Le théâtre représente l'intérieur d'une chaumière. Dans le fond est une grande porte semblable à peu près à celle d'une grange, et par laquelle le spectateur découvre une grande étendue de montagnes qui s'élèvent en amphithéâtre. Sur le premier plan, une croix de bois couronne un rocher qui se termine en plate-forme ; à droite de la porte, une horloge rustique fait entendre le mouvement de son balancier ; à gauche est une espèce d'alcove fermée par un rideau vert tout déchiré ; quelques meubles en désordre annoncent du reste l'extrême misère de celui qui habite ce lieu).

SCÈNE PREMIÈRE.

LE COMTE, FRITZ.

LE COMTE *à Fritz, qui le suit en jetant autour de lui des regards stupéfaits.*

Personne !

FRITZ, *avec étonnement.*

Ici, M. lecomte ?

LE COMTE.

Ici même.

FRITZ, *à part.*

Ciel ! la maison de mon père !

LE COMTE.

Vous êtes ému... Qu'est-ce donc ?

FRITZ.

Rien : quelques souvenirs qui me traversent la tête.

LE COMTE.

Voilà, te dis-je, la demeure de cet homme.

FRITZ.

Du père de la jeune fille...

LE COMTE.

De celle que ta maladresse a laissé échapper ce matin, et qu'il faut te hâter de livrer à mes désirs impatiens. Depuis mon retour dans mes domaines, j'en suis éperdument épris... Que veux-tu ?... passion.—Mais je ne sais par quelle fatalité ce Sturm.....

FRITZ.

Sturm!

LE COMTE.

Eh! bien oui, Sturm... c'est le nom de ce malheureux qui, réduit à la plus affreuse misère, et ne pouvant payer aucune de ses redevances, s'amuse à faire de la vertu et à entraver mes démarches auprès de la petite.

FRITZ.

S'il est son père....

LE COMTE.

En tous cas, c'est un grand scélérat, ou je me trompe..... j'ai sur lui des soupçons....

FRITZ, *frémissant*.

Un grand scélérat.... des soupçons.... voilà des mots terribles!...

LE COMTE.

La faute n'en est pas à moi.

FRITZ.

Eh! de quoi l'accuse-t-on ?

LE COMTE, *à demi-voix*.

D'un parricide....

FRITZ, *reculant*.

Parricide!... que veut dire ce mot ? Non, non.

LE COMTE.

J'en conviens, l'idée est épouvantable.... et cependant.... Du reste, il eut jadis un fils qui promettait déjà beaucoup.

Agé de moins de dix ans, il donna la mort à l'une de ses sœurs, à la suite de je ne sais quelle querelle de jeu....

FRITZ.

Sans le vouloir.... car à cet âge....

LE COMTE.

Qui sait? La force du sang. — Quoi qu'il en soit, il a disparu depuis, et sans doute il n'en sera pas resté à son coup d'essai.

FRITZ.

Pourquoi ne pas présumer plutôt qu'il s'est repenti?

LE COMTE.

Parce que cela m'est égal. Cependant je suis humain, moi; quand ce ne serait que par intérêt pour la jeune fille, je veux la tirer de ce cloaque.

FRITZ.

Certes, vos bontés sont grandes; et si Sturm était ingrat...

LE COMTE.

Vraies brutes que ces montagnards. — Fritz, reste ici... Épie toutes ses démarches. Charlotte doit venir le voir aujourd'hui même ; je crois, avec le fermier Ulrich.. Mon projet, manqué ce matin, doit réussir ce soir. Des chevaux sont prêts sur la route de Glaris : de là nous gagnons le fond du Tyrol où j'ai quelques domaines..... Tu m'entends. — Arrivé depuis deux jours seulement en Suisse, on ne peut te soupçonner....

FRITZ.

Mais pourtant....

LE COMTE.

Assez : je vous laisse, Fritz..... Ne me forcez pas à de certaines recherches.... A propos, la ceinture où est votre or est dans mon cabinet ; j'ai donné l'ordre qu'on vous la rendît.

FRITZ, *le saluant.*

M. le comte!

SCÈNE II.

FRITZ, seul.

Étrange destinée! qui me rends le confident, presque l'exécuteur de cet indigne projet.... moi dont la main déjà souillée....—Oui, je la vois là, ma sœur, sur ce banc.... poussant le cri de mort. — Oh! mon Dieu! vous savez si j'ai expié ce forfait! (*Après un silence.*) J'arrive; et que trouvai-je? mon père malheureux... soupçonné.... de quel crime encore!... J'ai gagné de l'or sur les champs de bataille.... Si je pouvais lui rendre un peu de paix! — Mais me nommerai-je à lui? moi qui me traîne depuis si long-temps sous le poids de sa malédiction. — Quinze ans d'absence, dix campagnes m'ont rendu méconnaissable. Non, il ne doit point me reconnaître... il me repousserait.... — Et les soupçons du comte... que faire donc!...

SCÈNE III.

FRITZ, LE PASTEUR, BOLMANN.

LE PASTEUR, *à Bolmann, resté un peu en arrière.*

Entrez, mon ami, entrez : ce jeune homme nous dira si Sturm est chez lui.

FRITZ.

Je le cherche comme vous.

LE PASTEUR.

Il sera sans doute occupé dans la vallée.... mais voici l'heure où il rentre du travail.

BOLMANN.

N'importe, je suis las... je l'attendrai en me reposant.

LE PASTEUR.

Si vous lui pouvez être utile, je vous en remercie d'avance.

BOLMANN, *à part.*

Il ne sait pas que je m'appelle Bolmann!

FRITZ, *conduisant le pasteur sur le bord de la scène.*

A votre air vénérable, je ne doute point que vous ne soyez le pasteur de ces hameaux. Dîtes : il est donc bien misérable, ce Sturm?

LE PASTEUR.

Pourquoi cette question? Il n'est pas un habitant....

FRITZ, *l'interrompant.*

Je sais qu'on l'accuse.

LE PASTEUR.
On fait plus ; on le juge. Le sort l'accable ; cela dit tout.

FRITZ.
Vous êtes son seul défenseur...

LE PASTEUR.
Hé ! sur quelle action le condamnerai-je ? Je n'en connais point de lui qui ait mérité la colère divine, encore moins celle des hommes. — Sturm coupable ! — Toute sa vie dépose contre ceux qui le calomnient..... Probe, désintéressé, comment imaginer que celui qui aime sa femme, ses enfans, ait jamais conçu l'exécrable pensée.....

FRITZ.
Que je vous sais gré de vos paroles !

LE PASTEUR.
Vous vous intéressez à lui ? Tant mieux, jeune homme ; donnez-moi la main. Oui, oui, ils sont terribles, les maux qu'il souffre.... La destinée veille au seuil de sa porte.... elle s'attache à ses pas, le serre, le pousse à sa ruine. Chaque heure de la journée lui apporte de nouvelles transes. — C'est la Providence qui l'éprouve.

FRITZ.
Il est pauvre.... Cette demeure ne l'indique que trop.

LE PASTEUR.
Et toute l'année il arrose de sueur le champ nourricier. — Mais la terre a dévoré ses semences... — La maladie a frappé ses bestiaux dans ses pâturages devenus stériles : toutes ses entreprises lui ont été funestes... Il ne lui reste plus qu'à tendre au passant la main pâle de la misère... On dirait qu'il marche sous le poids de l'anathême d'enhaut.

FRITZ.
Et vous croyez à ses vertus.

LE PASTEUR, *après un silence.*
Il est surtout dans l'année un jour où la fatalité s'offre encore à ses yeux plus menaçante. — Quelque événement inattendu marque incessamment de noir ce funeste anniversaire. — Une fois, c'est son fils qui porte la main.....

BOLMANN, *dans le fond, appuyé sur le poteau de la porte.*
Le treize octobre !

FRITZ, *effrayé.*

Octobre !...

LE PASTEUR, *se retournant.*

Qui a dit cela ?

BOLMANN, *froidement.*

Je dis que c'est aujourd'hui le treize octobre.

LE PASTEUR, *continuant.*

Accordez-lui votre pitié, il n'en est pas indigne ; et quand vous entendrez quelqu'un s'élever contre sa vie, répétez mes paroles. — Adieu, je reviendrai avant la fin du jour.

SCÈNE IV.

FRITZ, BOLMANN.

FRITZ, *fixant Bolmann.*

Vous nous écoutiez ! (*à part.*) Cette figure...

BOLMANN.

Non ; je devinais assez. — Le vénérable est robuste dans sa charité !

FRITZ.

Comment ?

BOLMANN, *d'un ton grave.*

Sturm, je vous le dis en vérité, ne rentrera pas de sitôt à la cabane, s'il veut y ramener sa conscience et un peu de repos.... car ce jour pèse sur son souvenir.

FRITZ.

Ne jetez pas ainsi dans l'air des accusations : qui vous répond que le vent ne les soufflera pas sur la tête du juste !

BOLMANN.

Du juste, dans cette demeure !... Vous riez. — L'on n'entend ici que les voix du remords !

FRITZ.

Les avez-vous entendues ?

BOLMANN.

La tombe même aura mémoire du crime de cet homme... sa main dégouttera encore au jour du jugement.

FRITZ.

Où sont vos preuves ?

BOLMANN, *d'une voix sourde.*

Mes preuves ?.... sont sur son front, dans ses regards.... dans ses épouvantes. Le désespoir a plissé son visage. — Camarade, vous êtes encore plus étranger que moi dans ce pays. — Vous ne savez donc pas son histoire ? Eh bien ! les eaux de la Linth, rouges du sang de son père, vous la raconteront.

FRITZ, *à part.*

Que dire ?

BOLMANN.

Ce n'était pas assez. Un autre fut chargé de cet assassinat ; et c'est Sturm, dont la voix menteuse aurait conduit l'innocent au gibet, si le ciel lui-même....

FRITZ, *avec véhémence.*

Le connaissez-vous celui que vous faites innocent quand la loi l'a frappé.... pour rejeter le forfait sur l'homme qu'elle a absous ?

BOLMANN.

Le nom de Bolmann n'a-t-il jamais frappé votre oreille ?

FRITZ.

Bolmann ? Eh bien !...

BOLMANN.

Eh bien ! le désir de la vengeance n'est point sorti de son cœur.

FRITZ.

Sont-ce là les services dont vous parliez au pasteur ? — Que venez-vous faire ici ?

BOLMANN, *à part, et le fixant.*

J'ai vu cet homme quelque part.

FRITZ.

Répondez donc !

BOLMANN, *avec indifférence.*

Dans mon genre de commerce, on fait souvent affaire avec des gens qu'on n'estime pas. — Or Sturm a, dit-on, encore quelques ressources. Il lui faut de l'argent comptant pour en faire usage.... Je viens voir.

FRITZ, *ironiquement.*

Que de bonté !

BOLMANN, *très-familièrement.*

Camarade, c'est depuis bien peu de temps que vous avez pris cet habit.... Si je ne me trompe, c'est à vous que j'ai changé, pour de l'or au coin des douze cantons, quinze cents florins banco que vous aviez amassés au service. — Alors, il est vrai, vous portiez l'uniforme du régiment de Volberg, capitulé par S. M. Joseph II.

FRITZ, *à part.*

Je suis reconnu... (*Haut.*) Vos yeux vous trompent...

BOLMANN.

Bah !... pourquoi ? J'ai le regard sûr et la mémoire tenace. — En effet, parti quelques jours après vous, je me rappelle qu'on parlait de la désertion.....

FRITZ, *troublé.*

Que me fait...

BOLMANN.

C'est cela; vous êtes le Fritz en question.... Ne craignez rien, je ne veux point vous trahir. — Seriez-vous donc apparenté à Sturm?... Son fils, peut-être... Celui qui, il y a quinze ans...

FRITZ.

Trêve, je vous prie.

BOLMANN.

Allons, allons, plus de doute : je vous devine tout entier. — Pardon de vous avoir navré, surtout si j'ai répété des calomnies. — Au surplus, vous serez sûrement bien aise de n'être pas reconnu... Transigeons; ne m'empêchez pas de faire mon commerce, et de mon côté je vous promets le secret. — Voici Sturm... regardez-le bien ! (*Avec malignité*) Le cri du sang se fait-il entendre à vous?

SCÈNE V.

STURM, FRITZ, BOLMANN. (*Ces deux derniers se retirent dans le fond du théâtre sans être aperçus de Sturm.*

STURM, *s'avançant à pas inégaux.*

Que fait-elle? J'ai gravi le rocher; je me suis assis sur le sable de la tombe... mais je n'ai vu que les ombres des quatres des monts couvrir la vallée comme un linceul. Berthe !

femme, tu ne reviens pas, et pourtant.... Sans doute ils l'ont retenue, parce qu'ils savent que j'attends dans les souffrances. (*Il s'arrête un moment.*) Quel silence! comme tout est vide autour de moi. Providence! assez d'angoisses... de larmes amères! — Y a-t-il encore bien du temps? Eteins ton feu: Les condamnés n'ont que quelques heures d'agonie.... Tu dois le néant... au moins le néant à celui qui s'est repenti. (*Moment de silence. — Fritz prête l'oreille avec anxiété.*)

BOLMANN, *sèchement et à demi-voix.*

Voilà le juste!

FRITZ, *l'entraînant indigné.*

Sortons!..

STURM, *promenant un œil hagard autour de lui.*

J'entends du bruit! qui va là?.. pourquoi n'avances-tu pas?.. je n'ai pas peur! (*Il éclate d'un rire convulsif et il écoute.*) Fils maudit!! Quelle est cette voix?.. Je devine... l'écho de la Linth!! (*Il se jette sur un banc, sa tête tombe sur sa poitrine.*) Encore si ma paupière pouvait être rafraîchie! (*Il se lève, réfléchit et désigne le couteau.*) Pourquoi pas? Il est là... tout sanglant. — Berthe, enfans, adieu! (*Après une pause, avec désespoir.*) Mais non, l'enfer me repousse... Je reste! (*Il retombe anéanti.*)

SCÈNE IV.

STURM, LISBETH.

LISBETH, *arrivant par la grande porte avec des vêtemens tout déchirés, et un sac de toile bise sur le dos.*

Pauvre père! tu as bien du chagrin! (*Sturm ne répond pas.*) Ecoute ta petite fille.

STURM, *la repoussant de la main.*

Laisse-moi!

LISBETH *pleurant.*

Voilà donc que tu me fermes tes bras!

STURM, *sans la regarder.*

Encore une fois votre mère va revenir.... elle apportera du pain. (*Jetant sur elle un coup d'œil machinal.*) Mais d'où viens-tu? (*Montrant le sac.*) Pourquoi ceci? Berthe vous avait dit de rester sur la couche... Voulez-vous que votre mal empire ? Lisbeth !...

LISBETH.

Je t'ai désobéi... mais ne me gronde pas. — Nous n'avions plus de pain... tu avais faim ; je suis sortie pour en chercher... (*Lui donnant un morceau de pain noir.*) Tiens, c'est tout ce que j'ai pu trouver.... Un pauvre homme me l'a donné au village. — Mange, il y a assez pour toi.

STURM.

Enfant, enfant, que fais-tu ?

LISBETH.

Il faut bien me rendre utile à quelque chose ; tu es si malheureux !

STURM.

Grand Dieu ! serez-vous sans pitié ?

LISBETH, *chancelant.*

Je suis bien faible... prends-moi sur tes genoux... je me trouverai mieux, appuyée sur ta poitrine.

STURM.

Ma Lisbeth ! console-toi.

LISBETH.

Me consoler quand tu pleures !

STURM.

Si jeune... et quel avenir !

LISBETH.

Va, bientôt je serai quitte de tout cela. — Mais que ma mère tarde !.. je voudrais la voir.

STURM.

Elle reviendra....

LISBETH.

Oh ! pas assez tôt, pas assez tôt. — Je me sens mourir.... c'est comme la lampe qui s'éteint dans le foyer... — Etends-moi sur la paille fraîche... cela te ferait trop de peine.

STURM, *tremblant.*

Tu veux me quitter... quitter ton père ?

LISBETH.

Je vais t'attendre... tu viendras me rejoindre.

STURM.

Destinée, destinée !!

LISBETH.

Dieu me prend avec lui, ne t'afflige pas. — Je ne te demande qu'une chose : promets que tu me feras reposer auprès de cette croix où tu vas si souvent pleurer. — Pauvre père ! j'avais bien faim, je n'ôsais te le dire... Embrasse-moi encore... (*Elle est expirante, Sturm la porte dans l'alcove.*)

STURM, *avec un accent déchirant.*

Plus rien !.. La mère, en rentrant, demandera son enfant; elle soulevera le rideau, et reculera en poussant des cris. — Toute la génération du parricide est donc dévouée ! Femme, enfans le maudiront aussi ! (*Il retourne à l'alcove, revient, et dit*:) Elle dort pour l'éternité... mais moi... (*Il pousse un cri étouffé.*) Ah !

SCÈNE VII.

STURM, FRITZ.

FRITZ, *s'avançant incertain.*

(*A part.*) Je tremble.

STURM, *marchant vers lui.*

Qui t'amène sous ce chaume ? — Je ne te connais point !

FRITZ.

Egaré dans ces sentiers écartés....

STURM, *le considérant.*

Tu es cependant un enfant de la montagne. — Sois le bienvenu... — Vous n'êtes pas, vous autres, sourds à la prière du malheur.

FRITZ

Dites, dites : que puis-je ?

STURM, *marchant vers l'alcove.*

Écarte ce rideau... vois ma Lisbeth ! c'était ma fille... la faim, la faim !

FRITZ, *reculant.*

Morte sans secours ! (*Il verse des larmes.*)

STURM.

Tu pleures... approche, que je voie tes larmes.—D'où vient-il?.. Tu n'appartiens donc point à la race d'Ève? car, où est celui qui s'émeut à la face de l'homme qui souffre? — J'ai demandé un peu de pain... ils n'ont tous murmuré contre moi que des malédictions.

FRITZ.

Il est pourtant encore des ames bienfaisantes...

STURM.

Où? — Pauvres et riches! grands et petits m'ont chassé. — La plainte est sortie de ma bouche... ils l'ont reçue avec un rire insultant (*Redressant sa tête pâle.*) Ai-je donc la face d'un réprouvé?

FRITZ.

Vous avez un fils.

STURM.

Un fils!.. Fritz!!.. qui t'a dit cela? N'es-tu entré ici que pour me faire saigner? — Ceux-là qui t'ont nommé Fritz auraient dû te dire aussi qu'à jamais... il est maudit.

FRITZ, *s'appuyant sur un meuble.*

Lui!

STURM.

Maudit, encore une fois. (*Avec un rire farouche.*) — Tu trembles... cela te fait peur... à moi, non... c'est fini. — Tu as pourtant raison. — Oh! oui, c'est singulier, la malédiction d'un père... cela fait un effet bizarre... cela dessèche. — Enfant des rochers, puisses-tu toujours aller prier tranquille sur l'herbe que fait croître la tombe de ton père. (*Presque calme.*) Tu as vu derrière le rideau... Eh bien! c'est mon ouvrage... Les enfans de Sturm mourront tous ainsi... tous!!!

FRITZ, *près de se découvrir.*

Et Fritz... Fritz!

STURM.

Tais-toi... ne prie point pour lui... car l'ange qui extermine l'a saisi... le vent a éparpillé la poussière de ses os... Que tu es naïf! ne suis-je pas son père?

FRITZ.

Il ne voulait pas le crime!

STURM.

De qui me parles-tu? Finis. (*Montrant l'alcove.*) Aide-moi plutôt à dérober aux regards ce débris... car la mère reviendra. (*Avec sentiment.*) Elle ne m'abandonne pas, elle!

FRITZ, *à part.*

Mon père!

STURM, *lui montrant la croix.*

C'est au pied de cette croix que doit reposer Lisbeth... mais prends garde de l'éveiller... elle demanderait du pain!

FRITZ.

Hélas!

STURM.

Comme tous les montagnards, tu dois savoir manier le rabot et la scie. — Passe dans cette grange... fais le service des morts... prépare le lit funèbre.

FRITZ.

Conduisez-moi.

STURM, *le faisant passer par l'alcove.*

Là....

SCÈNE VIII.

STURM, BERTHE. *(On entend la scie et les coups de marteau.)*

STURM.

Enfin!!..

BERTHE.

Je n'osais rentrer.

STURM.

Je t'entends...

BERTHE.

Le comte est impitoyable; aujourd'hui même la sentence civile doit être exécutée; tout, jusqu'à notre dernier meuble, sera saisi et vendu.

STURM.

Et ils ne motivent rien?

BERTHE.

Comme à l'ordinaire, le comte m'a parlé de ses redevances.... et l'intendant.... de l'indigne amour de son maître pour notre Charlotte.

STURM.

J'ai arraché ma fille à la prostitution : On ne me pardonnera pas un si grand crime.

BERTHE.

Eh ! bien, nous quitterons la cabane.—Que crains-tu tant ? le sort ne nous y sait-il pas ? — Allons porter ailleurs notre travail; Dieu nous aidera.

STURM, *secouant la tête.*

Dieu !... dis son nom plus bas, de peur d'attirer ici ses regards. — Pourtant, si ta voix pouvait arriver jusqu'à lui ! prie-le d'abréger.... Qu'il nous fasse mourir.... Aussi bien, je n'en puis plus ; mon cœur est aride.... Je ne sais quoi d'affreux me consume.

BERTHE.

N'as-tu pas à tes côtés ta vieille amie ? Eloignons-nous.

STURM.

Hé ! qui emportera les ossemens de mon père ? — Fille de Wolf, cela est juste.... Passe une autre fois la Linth; retourne au hameau qui t'a vue naître ! — Après vingt-cinq ans d'union, va demander un asile à tes parens.... Ils le savent... je ne voulais pas ton malheur. — Fuis, fuis.... La destinée marche et s'accomplit. — L'abîme a soufflé contre nous le vent qui brûle !

BERTHE.

Tes yeux sont pleins de sang, et tes dents claquent comme dans un accès de fièvre — Ne reste pas ici.... Viens respirer l'air du ciel, cela te fera du bien. (*Elle le considère en pleurant.*)

STURM.

Quand cela finira-t-il ? (*Il sort appuyé sur le bras de Berthe. Fritz rentre par l'alcove et les regarde s'éloigner. Bientôt on l'entend frapper quelques coups de marteau derrière le rideau, et il revient en scène*).

SCENE IX.

FRITZ, LE COMTE, *descendant la montagne.*

FRITZ, *les yeux toujours vers l'alcove.*

C'est donc fait...! (*Il se promène à grands pas*).

LE COMTE, *entrant en scène.*

Quel air soucieux ! ces misérables t'ont fait, je crois, de belles doléances... temps perdu; ils m'ennuient. — Comment ! on leur fait l'honneur d'avoir du goût pour leur petite?...

FRITZ, *vivement.*

Si ce n'est qu'un goût, il y a conscience...

LE COMTE.

Des discours moraux! je ne les aime pas, Fritz. — A propos, en arrivant cette nuit à Glaris, vous remettrez cette lettre à la dame qui doit recevoir Charlotte. Du reste, il est temps: allez où je vous ai dit. — Que me veut encore cette vieille? (*à Fritz qui, voyant sa mère, hésite à sortir.*) Qu'attendez-vous? (*Fritz sort; Berthe et le Bailli arrivent*).

SCÈNE X.

LE COMTE, BERTHE, LE BAILLI.

LE BAILLI, *amenant Berthe au comte.*

Vous êtes curieuse, dame Berthe!

LE COMTE.

Quoi donc?

LE BAILLI.

Elle se permettait de vous écouter.

BERTHE.

Le respect que j'ai pour monseigneur....

LE COMTE.

J'ordonnais de nettoyer au plus tôt mes domaines de pareilles gens que vous. — Bailli, vous avez mes ordres.

LE BAILLI.

Ils seront ponctuellement exécutés. (*tirant le comte à l'écart.*) — Un homme que j'ai rencontré près d'ici prétend avoir à vous communiquer des choses d'une grande importance.

LE COMTE.

Qu'il vienne.

LE BAILLI.

De fortes raisons l'en empêchent. — Il vous attend sous le vieux chêne qui marque le sentier du château... Je l'y ai laissé avec trois de vos gens.

LE COMTE.

Je vais le voir.

LE BAILLI.

Moi, je reste avec cette femme; elle a peur.... peut-être la ramènerai-je à la raison.

SCÈNE XI.

LE BAILLI, BERTHE.

LE BAILLI, *d'un air dégagé.*

L'arrêt est porté... tant pis pour vous.

BERTHE.

Nous ne demandons d'autre grâce que celle d'un court délai. — Vous le savez : nous n'avions pas de pain, que nous vous payions encore nos redevances.... Nous nous acquitterons ; mais attendez.

LE BAILLI.

Si tous les fermiers de monseigneur en disaient autant...

BERTHE.

Tous ne sont pas à plaindre comme nous.

LE BAILLI.

Morbleu ! vous le voulez bien.

BERTHE.

M. le Bailli, la misère et la douleur se promènent incessamment dans le monde, et arrêtent souvent le passant qui s'y attend le moins.... Prenez garde !

LE BAILLI.

Ça, ne déraisonnons pas. — On vous offre les moyens d'établir votre petite fortune; vous avez un trésor... Il faut l'exploiter.

BERTHE.

Il parle ainsi devant une mère !

LE BAILLI.

Vous êtes folle, bonne femme.

BERTHE, *montrant le Pasteur.*

Celui-ci vous répondra.

SCÈNE XII.

LE BAILLI, BERTHE, LE PASTEUR.

LE BAILLI, *allant au-devant du Pasteur.*

Ma foi ! vous arrivez à l'heure... Voici des gens qu'on cherche à tirer des fausses voies, et qui n'en veulent pas sortir. Ne pourriez-vous pas leur donner la petite semonce apostolique ?

LE PASTEUR.

Ils ont bien besoin que quelqu'un fasse descendre dans leur cabane le soulagement et la consolation !

BERTHE, *lui baisant la main.*

Vous nous apportez des secours, vous, et ne riez pas de notre pauvreté.... tandis qu'il vient nous insulter..... nous conseiller l'abomination et l'iniquité...

LE BAILLI.

Point de propos.... je ne les aime pas.

LE PASTEUR.

Qu'est-ce donc ?

LE BAILLI.

Ces gens-ci voudraient ne pas payer, et néanmoins recevoir quittance.

BERTHE.

Je vous dirai ce qui l'amène. — Vous n'ignorez pas les vues de monseigneur sur Charlotte... Eh bien !....

LE PASTEUR.

Bailli !

LE BAILLI.

C'est le seul moyen de sortir d'affaire.

LE PASTEUR.

Je vous entends : vous faites ici le métier de l'esprit de ténèbres ; vous venez tenter l'être souffrant, parce que vous espérez le séduire par vos promesses. — Mais je vous le dis : Porter l'homme à quitter le chemin de la vertu pour l'engager dans celui du vice, c'est l'action d'un cœur atroce. — Malheur à celui qui se couche riche, mais qui n'entre dans son lit qu'avec une mauvaise conscience !

LE BAILLY.

Beau prélude d'Homélie... mais qui sort de la question. — Si ces braves gens ont des scrupules... je me charge de tout. Vraiment il est du vieux temps, le pasteur... Vous ne connaissez donc pas le drôle?

LE PASTEUR.

Ce langage ne sort pas de votre âme. — Allons, venez au secours de cette famille... son indigence doit vous toucher. — Conduisez-moi vers votre maître; tous deux nous le prierons, et nous serons écoutés.

LE BAILLI.

Moi, prier pour des entêtés!

BERTHE, *pleurant.*

Ainsi, nous irons mendier...

LE BAILLI. (*voyant Sturm s'avancer avec Fritz.*)

Et bientôt, je vous le prédis. — Vous me reverrez avant ce soir. (*Berthe le suit en le suppliant.*)

BERTHE.

M. le Bailli!

LE PASTEUR, *immobile, les regarde sortir.*

Quelle perversité!

SCÈNE XIII.

LE PASTEUR, STURM, FRITZ. (*Sturm a vu le Bailli sortir; il tient Fritz par le bras.*)

STURM, *continuant un discours commencé.*

Mensonge!.. tu n'es point de ce canton.

FRITZ, *avec douceur.*

Vous vous défiez de moi comme d'un ennemi.

STURM.

Quelles affreuses histoires as-tu faites à cet homme? Il voulait être utile; il ne fera plus rien.

FRITZ, *avec une grande expression de vérité.*

De par le Dieu vivant! confrontez-nous tous deux... — J'ai lus de raisons que vous ne pensez de ne pas le croire.

LE PASTEUR, *avec calme:*

Sturm, craignez d'être injuste envers ce jeune homme. Voyez son visage; l'honnêteté et la franchise y sont peintes.

STURM.

Masque imposteur!

LE PASTEUR.

Que redoutez-vous? vos ennemis même vous respecteront : n'avez-vous pas le cœur pur?

STURM.

Pur!.. vous dites pur, n'est-ce pas? Dieu le sait; vous le savez aussi, vous, j'imagine... (*Longue pause.*) Mais celui-là, de quel droit me juge-t-il? — Pasteur; je venais de voir expirer ma Lisbeth...

LE PASTEUR.

Expirer Lisbeth!...

STURM, *passant subitement du sentiment qui l'agite à un sentiment plus fort.*

Le ciel l'a reprise... Elle était allée me chercher du pain... l'épuisement et la fatigue l'ont tuée. — Je ne dois pas même avoir la consolation d'être aimé. — Pasteur, vous direz l'hymne des morts, et vous jetterez l'eau de purification sur sa fosse.... Elle doit être lavée des embrassemens de son père avant d'approcher des anges.

LE PASTEUR.

Prenez patience ; Dieu vous essaie.

STURM, *revenant furieux à Fritz.*

Tu restes muet !

FRITZ.

Je l'affirme devant Dieu, c'est cet homme lui-même qui vous accuse...

STURM.

Il a menti! — Mais toi, dont l'oreille est restée ouverte à ses discours... comment viens-tu te dire mon ami?

LE PASTEUR.

Il a pleuré vos malheurs.

STURM.

Oui, j'ai vu ses larmes, et j'en ai été rafraîchi comme la blessure est rafraîchie par un baume salutaire... Mais sa paupière est hypocrite... Ainsi qu'un espion de voleurs, il vient pour m'épier dans ma chaumière. — N'es-tu pas au service du comte?

LE PASTEUR, *à Fritz.*

Du comte!

FRITZ, *au pasteur.*

Cela est vrai... mais rejetez d'odieux soupçons : je ne les mérite pas.

STURM.

Sors, te dis-je, ou... (*Lui montrant le couteau.*) Regarde!

FRITZ, *à part.*

Et je ne puis me nommer! (*Il fait quelques pas pour sortir.*)

SCÈNE XIV.

LES MÊMES, CHARLOTTE, PETERS, *bientôt après.*

CHARLOTTE, *se jetant dans les bras de son père.*

Bénissez votre Charlotte! — Péters est avec moi... il vient... il vient... je ne sais si vous consentirez... (*Sturm ne répond rien, et Charlotte s'embarrasse.*) C'est un si bon garçon!!.. Il vous apporte aussi ses épargnes : Ulrich l'a bien voulu. (*apercevant Fritz.*) Grand Dieu!

STURM.

Qu'as-tu?

CHARLOTTE, *avec effroi.*

C'est lui qui a voulu m'emmener de force ce matin.

STURM, *arrêtant Fritz.*

Non, reste : l'entends-tu?

FRITZ, *à part.*

Comment me justifier?

LE PASTEUR.

Ne vous trompez-vous pas, Charlotte?

CHARLOTTE.

Je le reconnaîtrai toute ma vie. — J'allais conduire aux pâturages les troupeaux d'Ulrich... Il avait avec lui des gens du comte; tout-à-coup, sortant de derrière un rocher qui le cachait... Oh! sans quelques bûcherons qui descendaient dans la vallée, je n'aurais peut-être jamais revu mon père.

STURM, *au Pasteur.*

Voilà le motif de la haîne que me porte le maître... (*A Fritz*). Es-tu confondu ?

FRITZ.

Elle dit vrai...

CHARLOTTE.

Eloignez-le de moi... il ne vient point ici sans mauvais dessein.—Et pourtant j'ai prié pour lui... autrement les bûcherons l'auraient laissé mort sur la roche. Je ne me repens pas de ce que j'ai fait... mais qu'il ne reste pas.

LE PASTEUR.

Ainsi vous serviez les projets du comte...

FRITZ.

Méprisez-moi, vous en avez le droit... pourtant j'étais cruellement abusé...

LE PASTEUR.

Vous portiez de sang froid le déshonneur parmi des malheureux !...

STURM.

L'infâme ! il sera un jour aussi l'horreur de son père. (*Avec une fureur concentrée.*) Elle te l'a dit : retire-toi !.. (*Fritz hésitant.*) Tu n'es pas parti !.. (*Il s'élance vers lui.*)

LE PASTEUR, *le saisissant.*

Sturm, que faites-vous ?

CHARLOTTE, *poussant Fritz.*

Sauve-toi ! (*Le Bailli et sa suite entrent. Ils ont vu les derniers mouvemens de scène.*)

SCENE XV.

LES PRÉCÉDENS, BERTHE, PÉTERS, LE BAILLI, *Recors.*

LE BAILLI, *froidement.*

Halte, camarade ! respect aux serviteurs du comte. (*à Fritz.*) Vous, retournez au logis.

FRITZ, *montrant Sturm.*

Je l'ai provoqué... de mon côté sont tous les torts.

LE BAILLI.

Je m'embarrasse peu de vos démêlés!.. autre chose me conduit ici. *(Il lui montre la sentence.)*

FRITZ, *à part au Bailli.*

Ne l'exécutez pas, cette sentence... Je paierai sa dette.

LE BAILLI, *avec une dureté sardonique.*

Qui vous en prie? — De votre or, vous n'en avez pas trop pour vous. On a sur votre compte certaines notes... Allez droit, mon brave; c'est ce que vous avez de mieux à faire.

STURM, *qui marche à grands pas dans la chambre, s'arrête les yeux fixés sur le Bailli.*

Ils n'ont pas tardé!

LE BAILLI, *à Sturm.*

L'arrêt d'expulsion est un peu long... vous en donnerai-je lecture?

STURM, *murmurant entre ses dents.*

Providence, le vase déborde!.. Pourquoi plus?

BERTHE, *d'une voix douce.*

Ami...

STURM.

Abhorre-moi!

BERTHE.

Ne partageons-nous pas le même sort?

LE PASTEUR, *au Bailli qui écrit.*

Les laissera-t-on sans abri... les forcera-t-on à proférer le blasphême?

LE BAILLI.

De quoi nous nous mêlons! *(Aux recors.)* Et dépêchons! *(Ils emportent les meubles et les déposent à la porte.)*

CHARLOTTE, *à Sturm qui s'est jeté sur le banc, et s'appuie sur la table, la tête cachée entre ses deux mains.*

Malheureux père!

STURM, *murmurant toujours.*

Elle ne saura plus où reposer sa tête!

CHARLOTTE *court alternativement de son père à Péters, et de Péters au Bailli à qui elle dit:*

Serez-vous inexorable? (*Elle va tomber dans les bras de sa mère.*)

BERTHE.

Résignons-nous! (*Les recors s'emparent de la table sur laquelle s'appuie Sturm. Ils vont ensuite à l'alcove pour voir s'il n'y a pas d'autres meubles à saisir. Berthe jette un cri.*) Ma fille est mourante!

FRITZ, *furieux, aux recors.*

N'avancez-pas!

LES RECORS, *épouvantés.*

Une châsse!

BERTHE.

Qui est là?

STURM, *à demi-voix.*

Ta fille!

BERTHE.

O mon Dieu, bénie soit ta main qui la retire! (*Elle se jette à genoux, Charlotte l'imite.*) Ta sœur ne souffre plus... (*Les recors, comme entraînés, s'inclinent et prient.*)

STURM.

Moi seul, je ne puis prier!!

LE BAILLI, *soulevant le rideau.*

Un enfant mort! On dirait qu'ils ont peur. — (*Aux recors*). Achevons!

STURM, *au Bailli.*

Emporte aussi cette bière.... Tu mettras à l'encan le drap funèbre, et la chair des morts!... Bailli! l'enfant innocent s'est éteint dans les angoisses de la faim!...

SCÈNE XVI.

LES PRÉCÉDENS, BOLMANN, *sans être vu.*

(*Fritz a pris la bière, l'a chargée sur ses épaules et emportée par la grange. Bientôt on le voit gravir la montagne avec ce fardeau. — Sturm est absorbé ; tous les assistans restent groupés dans un morne silence*).

BOLMANN, *d'une voix forte.*

Souviens-toi du treize octobre !

STURM, *terrifié.*

Voix de l'abîme, suis-je à bout !!   (*La toile tombe*).

FIN DU PREMIER ACTE.

ACTE II.

(Le théâtre représente la cour d'une ferme, annonçant l'aisance de celui qui l'exploite. Dans le fond, est une rivière avec un pont de bois dont les extrémités s'appuient sur deux rocs escarpés. On passe ce pont pour arriver à la maison d'habitation; des monts à sommets bleuâtres forment, comme dans toute la Suisse, la perspective de ce tableau).

SCÈNE PREMIÈRE.
LE COMTE, BOLMANN.

LE COMTE.

C'est vous qui m'avez fait demander un entretien ?

BOLMANN.

Moi-même.

LE COMTE, *sèchement*.

Je ne vous ai pas trouvé au lieu désigné.

BOLMANN.

J'ai été rappelé chez Sturm, et je ne voulais pas qu'on m'y vît avec monseigneur. — Du reste, j'avais indiqué à ses gens la ferme d'Ulrich, et j'ai fait diligence pour y arriver en même temps que lui.

LE COMTE.

Eh ! quel service prétendez-vous me rendre ?

BOLMANN.

Je vous le dirai : promettez seulement que si vous êtes content de moi, vous m'accorderez protection, et sur tout justice.

LE COMTE.

Je vous attends.

BOLMANN.

Vous avez sur la fille de Sturm des vues....

LE COMTE.

D'où savez-vous...

BOLMANN.

De Fritz, l'un de vos serviteurs.

LE COMTE, *étonné.*

Il me trahirait !

BOLMANN.

Il a des raisons pour cela. — Mais point d'inquiétude... Je l'ai rendu suspect à Sturm qui le croit coupable de la violence exercée tantôt sur Charlotte.

LE COMTE.

Eh ! qui a pu vous porter à vous mêler de cette affaire ?

BOLMANN.

Le hasard d'abord... ensuite certains motifs....

LE COMTE.

Vous connaissez ce Fritz ?

BOLMANN.

Je vous retourne la question, M. le comte.

LE COMTE.

L'aventure qui l'a mis à mon service est assez bizarre. — Cependant, comme il pouvait m'être utile, je ne l'ai pas pressé trop vivement de s'expliquer.

BOLMANN.

Fritz est un déserteur de votre régiment.

LE COMTE.

Je m'en doutais.

BOLMANN.

Je l'ai vu à Vienne, il n'y a pas deux mois. — Savez-vous contre qui vous le faisiez agir ?

LE COMTE.

Dites !

BOLMANN.

Contre sa propre sœur.

LE COMTE.

Chose extraordinaire, de par Dieu ! et qui m'explique pourquoi le coup a manqué ce matin.

BOLMANN.

Vous vous trompez : il n'a su ce qu'il avait fait qu'après l'événement.

LE COMTE.

Cette affaire peut devenir sérieuse.... et s'ils s'entendent....

BOLMANN.

Ils ne s'entendront pas.... et c'est en quoi consiste le service que je veux vous rendre. —Je les ai mis dans une telle situation à l'égard l'un de l'autre, que jamais Fritz n'osera se nommer à son père qui, à son tour, se défie de lui comme de votre agent le plus dévoué. — Quelques momens avant la saisie qui a eu lieu à la chaumière, j'ai vu Sturm.... j'ai vu le parricide!!

LE COMTE.

On vous a donc instruit déjà...

BOLMANN.

Mieux que quiconque, je sais tous les détails du crime affreux qui a porté la désolation dans le sein d'une famille respectable; mais le jour de vengeance est arrivé.... (*Après une pause.*). Je suis Bolmann!...

LE COMTE, *surpris*.

Et vous ne craignez pas....

BOLMANN.

Vingt années d'amertume, passées dans les pays étrangers, ont bien altéré mon visage. D'ailleurs, sous ce costume, personne ici ne me reconnaîtra. — Pour vous, monseigneur, je redoute peu que vous me trahissiez.

LE COMTE.

Quel est votre dessein ?

BOLMANN.

Déjà j'ai jeté le trouble et le désespoir dans l'âme du criminel.... Je suis sans preuves contre lui.... mais je veux le suivre pas à pas, le harceler, le serrer d'une étreinte si terrible, qu'il soit enfin obligé de s'avouer coupable, et de proclamer mon innocence. — Je ne vous demande qu'une chose : le secret; je servirai la justice en agissant dans mes intérêts; je me vengerai en servant les vôtres.

LE COMTE.

N'allez pas me tromper !

BOLMANN.

Je joue plus gros jeu que vous... ma vie est entre vos mains.

LE COMTE.

Avant tout, je voudrais empêcher le mariage de Charlotte.

BOLMANN.

Elle venait demander le consentement de son père quand le Bailli s'est présenté à la chaumière avec ses recors. Ainsi, rien de fait.... Puis, je me charge de cela.

LE COMTE.

Cependant Ulrich m'a fait prier des fiançailles ; il va bientôt arriver de la ville, et c'est aujourd'hui qu'elles doivent avoir lieu.

BOLMANN, *après réflexion.*

Tant mieux.... Vous ferez enlever ensemble et Charlotte et son frère. — Alors ce dernier pourra seul être accusé du rapt.

LE COMTE.

Le moyen ?

BOLMANN.

Le voici. — Pendant la fête, on viendra de ma part remettre un billet à Ulrich. Vous ordonnerez à Fritz de se rendre en diligence à la passe du grand Pic.... Là, vous aposterez plusieurs de vos gens.... Je me charge d'y faire trouver la jeune fille : le reste sera votre affaire. Sturm doit être parti pour Glaris ; ainsi....

LE COMTE.

Pour Glaris ?... le voilà qui traverse le pont !

BOLMANN.

Vîte... retirez-vous derrière cette fabrique.

LE COMTE.

Soit.

SCÈNE II.

BOLMANN, STURM, LE COMTE *sans être vu.*

BOLMANN.

Quel aspect !

STURM (*jetant autour de lui des regards inquiets*).

Me laisseront-ils ! leurs larmes me tombent sur le cœur comme une huile bouillante.... (*il s'assied sur une roche*). Irais-je ainsi long-temps ?

BOLMANN *derrière lui.*

Sturm !

STURM, *se levant épouvanté.*

Qui m'appelle... partout mon nom... de paix nulle part. (*Il regarde fixement Bolmann*).

BOLMANN, *ironiquement.*

La voix de l'homme vous effraie !

STURM.

Moi ! — vous savez qui je suis, et vous me faites cette question !...

BOLMANN.

Le sort vous poursuit, il est vrai. — Mais êtes-vous tout-à-fait sans reproche ?

STURM.

Que vous importe ? Dois-je vous ouvrir mon cœur comme un livre, et précisément au feuillet que je voudrais déchirer ? Se confie-t-on à ses ennemis ?

BOLMANN.

Je ne suis point le vôtre; et lorsque je vous ai découvert les projets de ce jeune homme....

STURM.

De l'agent de M. de Volberg ?

BOLMANN.

Dites de l'amant de Charlotte.

STURM.

On me fait bien souffrir; mais on se réjouit trop tôt..! Souvent la destinée brise l'instrument dont elle s'est servie pour arriver à ses fins.

BOLMANN.

Le comte est votre maître ; vous devez parler de lui avec plus de respect.

STURM.

Du respect !.. qui me prouvera cela ? Le crime n'est-il crime que pour le pauvre ? — A quel degré de puissance ou d'abaissement parmi les hommes commence-t-on à être dépendant du juge ? — A-t-on là haut deux poids et deux mesures ?

BOLMANN.

Si monseigneur vous entendait !..

STURM.

Il ne peut rien de plus ? Il a réduit des infortunés à ne faire retentir son nom qu'avec des cris d'exécration. Il a fait le mal, parce qu'on l'empêchait de faire le mal. — Allez donc lui porter mes paroles, avec tout ce que j'ai de haine pour lui... Le jour de la justice arrive enfin...

SCÈNE III.

LES PRÉCÉDENS, LE COMTE.

LE COMTE, *transporté*.

Tu l'as dit : elle n'arrive que lentement la justice, puisqu'elle ne t'a pas encore saisi.

STURM, *avec rage*.

Vous m'écoutiez! J'en rends grâce au ciel... Je pourrai rejeter le poison dont vous m'avez abreuvé. J'étouffais... je serai soulagé.

LE COMTE.

Il ose lever la tête!

STURM.

Qui m'en empêcherait devant vous? Je crains peu que votre conscience devine la mienne. Si je ne suis pas sans tache, l'êtes-vous plus que moi? La main étendue vers la cabane du pauvre, vous avez dit : Qu'il aille nu; et cela, parce qu'il s'était défendu de vos souillures.

LE COMTE.

Tu ne sais donc pas ce qu'ils disent de toi dans la vallée?... — En arrachant Charlotte de ta cabane, je la tirais du repaire.... D'ailleurs, malheureux, tu dois avoir peur de tes propres enfans... Ne peuvent-ils pas s'armer aussi contre toi du couteau?..

BOLMANN, *par derrière*.

N'allez pas si vîte.

STURM, *après un silence*.

Du couteau!..

LE COMTE.

Tu leur as appris comment on s'en sert!

STURM, *avec confusion*.

Que voulez-vous dire?.. quand mon père...

LE COMTE.

Ton père !... il est mort, n'est-ce pas, et tu sais quel jour ?

STURM.

Mes larmes l'ont marqué.

LE COMTE.

Combien il t'en faut encore de larmes, pour laver tes mains devant Dieu !

BOLMANN, *à part au comte.*

Il n'est pas temps encore, monseigneur !

STURM.

Vous me jugez ; vous serez jugé à votre tour. — En m'éloignant de la tombe de mon père...

LE COMTE.

Remercie-moi ; car le vent, chaque jour, doit t'apporter ses soupirs de mort.

STURM, *à part.*

Que répondre ? — Le crime est écrit sur ma figure ; l'œil de l'homme le découvre ; je ne puis plus cacher ses stigmates.

LE COMTE.

Tu baisses les regards !.. ce n'est pas moi seul pourtant qui t'accuse.... Lave-toi, si tu peux.

STURM.

Ont-ils plus que vous le regard infaillible qui pénètre dans les cœurs ?

LE COMTE.

Sturm ! le moment approche où tout ce que tu as mérité de vengeances retombera sur ta tête, comme un carreau du ciel. — Il est un homme que Dieu a réservé pour ses justices... Bolmann !

BOLMANN, *bas au comte.*

Vous me ferez perdre tout le fruit de ma journée... Voyez dans quel état il est !

STURM.

Bolmann...

LE COMTE.

Ce nom seul a renversé ton visage... Que serait-ce donc s'il paraissait devant toi ? Oserais-tu crier à l'assassin ?

STURM, *frissonnant.*

Il ne reviendra point affronter la justice.

BOLMANN, *d'une voix haute.*

N'en jurez pas !

STURM.

Qui vous parle ?

BOLMANN.

N'en jurez pas, vous dis-je !

LE COMTE.

Le jour où il se montrera sera bien près d'être ton dernier. (*Après un moment.*) Tu parles de sauver ta race de l'infamie : cela n'est plus en ton pouvoir... Tes enfans ne recevront de leur père qu'un héritage de sang et d'opprobre.

STURM.

C'est trop ! (*Il s'élance sur le comte le bâton levé.*)

SCÈNE IV.

LES PRÉCÉDENS, FRITZ, *qui arrête le bras de son père.*

LE COMTE, *saisissant son couteau de chasse.*

Tu veux aussi m'assassiner !

FRITZ, *entre eux.*

Arrêtez ! il est sans défense.

LE COMTE, *avec colère.*

Viens-tu chercher toi-même ce que tu mérites ?

BOLMANN, *bas au comte.*

Laissez le coupable s'abîmer seul : tout cela se paiera avec le temps.

FRITZ, *à Sturm.*

Qu'espérez-vous ? mieux vaut vous retirer. — M. le comte, pardonnez-lui ; la position où vous le réduisez est si pénible !..

STURM.

T'ai-je prié d'être mon défenseur ?

LE COMTE, *s'approchant de Fritz.*

Traître !

FRITZ.

Ce n'est pas vous trahir que de défendre un malheureux.

LE COMTE.

Plus tard, tu verras!

BOLMANN, *bas à Sturm.*

Vous avez de grands torts, et pourtant il n'est pas impossible d'arranger toutes choses. (*A part, au comte.*) Ne restez pas ici; vos gens vous attendent derrière ces rochers.

LE COMTE, *à Sturm.*

La loi ne t'accorde que vingt-quatre heures à passer dans la chaumière... — Après ce délai, qu'on ne t'y rencontre plus!... (*Il sort avec Bolmann.*)

SCÈNE V.

STURM, FRITZ.

STURM.

Tu ne suis pas ton digne maître... Qui te retient? sans doute quelque nouveau piége que tu médites.

FRITZ, *avec calme.*

J'ai détourné le coup qui vous était destiné....

STURM.

Ce coup m'aurait tué... que désirai-je autre chose?

FRITZ.

Ne vous abandonnez pas ainsi : votre femme, vos enfans vous réclament. — Sans l'appui de son père, Charlotte...

STURM.

Tu veux que je croie à ton amitié... et tu me rappelles l'attentat commis sur ma fille !

FRITZ.

Si j'avais su !

STURM.

Mauvais moyen de s'excuser d'un crime.

FRITZ.

J'obéissais au maître.

STURM.

Va !... je ne veux plus t'écouter.

FRITZ.

Ne me haïssez pas.... je vous défendrai, je veillerai sur vous comme sur un père...

STURM.

Il a soif de malédictions !

FRITZ.

Fritz, votre fils...

STURM.

Tu prends un plaisir féroce à me répéter ce nom... un sourire perfide ouvre tes lèvres.... Si je me vengeais!

FRITZ.

La soumission, l'amour filial...

STURM, *à part.*

Ne fais plus résonner ces mots à mon oreille !

FRITZ.

Comme il est sombre, le regard que vous laissez tomber sur moi ! Souffrez que je prenne votre main...

STURM.

La voilà.... ose la toucher !

FRITZ.

Je la presserai sur mon cœur.

STURM, *retirant sa main.*

Garde qu'elle ne s'appesantisse sur toi !.. elle y laisserait son empreinte, et Dieu te reconnaîtrait. (*Il s'éloigne*).

FRITZ, *le suivant.*

Vous partez ?

STURM.

Oui, car je te hais. (*Il entre dans une espèce d'enclos*).

SCÈNE VI.

FRITZ, BOLMANN.

BOLMANN, *à Fritz.*

Sturm dans les vergers d'Ulrich !... M. le comte va revenir....

FRITZ.

J'ai deux mots à vous dire... et vous y répondrez.

BOLMANN.

Si cela m'est possible...

FRITZ.

Cet homme vous doit évidemment les mauvais traitemens du comte; et cependant vous veniez ce matin pour le servir, disiez-vous au pasteur !...

BOLMANN.

Qu'a fait monseigneur autre chose que répéter ce qui est dans la bouche de tout le monde ? — Ami, vous avez fort à faire, si vous voulez défendre d'office un Sturm.

FRITZ.

Vous avez débité sur mon propre compte tant d'absurdités...

BOLMANN.

Vous agissez étourdiment.... je n'en suis pas cause.

FRITZ.

N'importe... si ce soir vous êtes encore dans ces quartiers...

BOLMANN.

Eh ! quand j'y serais ?

FRITZ.

Voici quelqu'un... je vous en avertis, partez avant demain. (*Bolmann se retire en lui faisant un geste de menace*).

SCÈNE VII.

FRITZ, CHARLOTTE, PÉTERS. (*Fritz n'est pas vu d'abord.*)

PÉTERS, *regardant autour de lui.*

Il me semblait entendre des voix.

CHARLOTTE, *d'un air triste et abattu.*

J'ai vraiment plus de courage que toi, Péters.

PETERS.

Cependant sans les bûcherons... on t'aurait menée loin ce matin !

CHARLOTTE.

Celui qui a fait cette tentative s'en repent, je t'assure.

PÉTERS.

Et d'autant plus qu'il a manqué son coup.

CHARLOTTE.

M. Péters !

PÉTERS.

Je ne suis pas jaloux ; mais qu'il n'y revienne plus, car je me ferais tuer... quoiqu'il te plaise de me dire poltron.

CHARLOTTE.

Tu l'as vu pendant la saisie des meubles à la chaumière. Il rendait en pleurant les derniers devoirs à Lisbeth.... — Pauvre Lisbeth ! (*Elle pleure*).

PÉTERS.

Berthe l'a dit; ta sœur ne sera point témoin des afflictions de sa famille. — Charlotte, fiançons-nous bien vîte... c'est aujourd'hui ma fête; nous ferons d'une pierre deux coups. Mon père nous donne son consentement.... Le tien ne nous l'eût pas refusé, si j'avais pu lui parler tantôt; ainsi...

CHARLOTTE.

Ce n'est pas quand le deuil arrive qu'il faut songer à la fête.

PÉTERS.

Il y a tant d'événemens dans l'avenir... Ne remettons pas au lendemain ce qui peut se faire la veille.

CHARLOTTE.

Nous sommes si malheureux dans notre famille... si j'allais t'apporter en dot le même sort !

PÉTERS.

Folle !

CHARLOTTE.

Tu vois ce que c'est que la misère.

PÉTERS.

Comme il te plaira... mais je vais toujours demander l'aveu de Sturm. — Diras-tu non, s'il dit oui ?

CHARLOTTE.

Je t'aime, Péters.... mais mon père....

FRITZ, *arrivant entre eux.*

Il n'est pas loin....

PÉTERS, *jetant un cri.*

Encore vous !

CHARLOTTE, *tremblante.*

Ne me faites pas de mal !

FRITZ.

Rassurez-vous. — Accordez-moi seulement un moment d'entretien.

CHARLOTTE.

Moi !

PÉTERS.

On lui en donnera, des tête-à-tête ! — Attendez ; je cours à la ferme, et d'un son de trompe.....

FRITZ, *le retenant.*

Garde-t-en bien ! — (*à Charlotte.*) Vous aimez Sturm ?

CHARLOTTE.

Comme on aime un bon père.

FRITZ.

J'ai donc les choses les plus urgentes à vous apprendre.... mais à vous seule. — Consentez à ce qu'il s'éloigne un peu.

PÉTERS.

Je ne la quitte pas.

CHARLOTTE.

Il s'agit de mon père.... je ferai ce que vous me demandez, mais à condition que Péters ne me perdra pas de vue une seule minute.

FRITZ.

Qu'il reste à trente pas, c'est assez. (*à Péters.*) Au surplus, prends ces pistolets.... Si je fais un mouvement qui puisse compromettre Charlotte....

PÉTERS, *se retirant.*

Ne bronchez pas, je vous en avertis !

FRITZ.

Va donc !

CHARLOTTE.

Eh bien ! qu'avez-vous à m'apprendre ?

FRITZ.

Moi seul je puis sauver Sturm.... Écoutez, vous aviez autrefois un frère...

CHARLOTTE, *avec embarras.*

Un frère... oui.

FRITZ.

Vous tremblez en prononçant son nom....

CHARLOTTE.

Dieu sait pourquoi.

FRITZ.

Vous le croyez mort...

CHARLOTTE.

Auriez-vous de ses nouvelles?

FRITZ.

Il n'a pas cessé de vivre pour une famille...

CHARLOTTE.

Qu'il implore sa grâce! Dites-lui de ne pas tarder.

FRITZ.

Le moment n'est pas encore venu; Sturm ne veut plus entendre parler de lui. — Mais vous, Charlotte, refuserez-vous aussi de voir Fritz? Plus malheureux que coupable, il n'a cependant cessé de pleurer son crime....

CHARLOTTE.

Oh! je le crois...

FRITZ.

Gardez-vous au moins de le découvrir... il apporte de l'or, et, dans deux heures, il peut arracher Sturm à la misère.

CHARLOTTE, *vivement*.

Où donc est-il?

FRITZ.

Devant toi!

CHARLOTTE.

Fritz!... O ciel! (*Elle s'évanouit dans ses bras*).

PÉTERS *tire sur Fritz un coup de pistolet qui renverse son chapeau*.

Voilà pour ta peine!... (*Il vient donner des secours à Charlotte qui se remet peu à peu. — Ulrich entre alors.*)

SCÈNE VIII.

LES PRÉCÉDENS, ULRICH.

ULRICH.

D'où vient ce désordre... quel est cet étranger?

PÉTERS *avec vivacité.*

Le ravisseur de Charlotte !

FRITZ, *à Péters.*

Imprudent ! la balle a traversé mon chapeau...

CHARLOTTE.

Tu as failli tuer mon....

FRITZ, *l'interrompant d'un geste significatif.*

Silence !

ULRICH.

Quel mystère ! il se passe ici quelque chose d'étrange, et dont je veux être éclairci sur-le-champ.

PÉTERS.

Oui, sur-le-champ !

FRITZ.

Ce que je lui ai dit l'intéresse seule.

ULRICH.

N'a-t-elle plus confiance en moi ? —

FRITZ.

Demain, vous serez instruit de tout. — Jusques là, elle m'a promis le secret. (*Pendant ce temps, Péters adresse quelques mots à Charlotte, la boude et lui tourne le dos*).

ULRICH, *à Péters.*

Charlotte est assez sage pour ne faire aucune démarche inconsidérée, j'en suis certain.

PÉTERS.

Moi, je ne suis pas de cet avis-là. J'ai tout vu, tout entendu, et il est clair...

CHARLOTTE.

Je ne mérite pas ces reproches. — Il vous en coûte peu d'affliger une pauvre fille... cessez donc de l'aimer ; notre vie serait trop dure.

PÉTERS.

Que disais-je, mon père ?

ULRICH.

Charlotte, cela n'est pas bien.

CHARLOTTE.

Il m'accuse !

FRITZ.

Point tant de mots : oui, j'aime Charlotte...

PÉTERS.

Morbleu, l'autre pistolet !

FRITZ, *souriant.*

Mon garçon, tu n'en as pas besoin.....Je t'aime aussi, et je veux te voir heureux avec elle.

PÉTERS, *étonné.*

Vous l'aimez, et vous voulez que je l'épouse ! Espérez-vous.... Nous verrons cela !

FRITZ.

J'aime Charlotte, mais comme une sœur.

PÉTERS.

A la bonne heure !

FRITZ, *à Ulrich.*

Je ne suis pas riche... cependant je puis encore, en lui donnant une dot, réparer mes torts envers la femme de votre fils.

PÉTERS.

Ne soyez pas si généreux.

ULRICH.

Allez tous : voici Sturm, je veux être seul avec lui.

(*Ils sortent*).

SCÈNE IX.

ULRICH, STURM.

ULRICH.

Je désirais vous voir... mon fils a dû vous le dire.

STURM.

Qu'ai-je encore de commun avec les hommes ?

ULRICH.

Je sais tout ce que vous souffrez, Sturm.

STURM.

Si je pouvais mourir !

ULRICH.

Pourquoi renier la Providence ?...

STURM.

Il vous est aisé de parler ainsi. L'abondance et la joie règnent autour de vous. On vous aime, on vous cherche, et l'homme qui vous voit passer, vient à votre rencontre en vous tendant la main. — Pour moi, l'on me fuit, l'on me balaie comme une vile écume... on dirait que j'empoisonne le sol que je touche.

ULRICH.

J'ai contre vous des motifs de haine...

STURM.

De haine !...

ULRICH.

Sturm, j'avais un frère...

STURM.

Bolmann ! — Ce n'est pas moi... c'est la justice !

ULRICH, *avec force*.

Et pourtant la voix publique ne le charge pas du meurtre de votre père !

STURM.

Les juges ont prononcé.

ULRICH.

Vous ne doutiez pas de son innocence, et cependant vous l'avez poursuivi avec un inconcevable acharnement. — Heureusement je ne crois pas qu'il y ait de parricides, car....

STURM.

Où tend ceci ?

ULRICH.

Bolmann est mort peut-être... mort, flétri devant les hommes. Ah ! Sturm !

STURM.

Pensez-vous me charger de la conscience de ceux qui l'ont condamné ?

ULRICH.

Ils étaient loin d'être convaincus... puisqu'ils n'ont pas même osé faire exécuter leur sentence.

STURM.

Sera-ce moi qui réhabiliterai sa mémoire ? (*après une pause*). Peut-être !

ULRICH.

Jusques là toute la famille d'Ulrich avait été révérée au

milieu des enfans de la montagne. Une tache est imprimée à son nom... Sera-t-elle indélébile ?

STURM.

Vous me froissez.

ULRICH.

Je n'aime à faire de peine à qui que ce soit... vous-même avez mis le doigt sur la plaie. — Sturm, j'ai vu vos chagrins, et j'ai cherché à les adoucir. Votre fille est à mon service.... Touché que j'étais des maux de son père, elle y fut toujours traitée comme un enfant de l'adversité. — Je ferai plus, et je vais vous prouver combien je suis peu haineux. — Péters aime votre fille... elle est douce, vertueuse, et peut faire le bonheur de son mari... voulez-vous consentir à leur union ?

STURM.

Ulrich, votre procédé est généreux : je vous en remercie... mais ils m'ont enlevé le peu qui me restait, et... (*Ils entendent un léger bruit et se taisent un instant.*)

SCÈNE X.

LES PRÉCÉDENS, CHARLOTTE, PÉTERS.

PÉTERS, *à Charlotte.*

On parle de nous, avançons... (*Accourant vers Ulrich.*) N'est-il pas vrai que nous ne serons pas séparés?

ULRICH, *à Sturm en lui tendant la main.*

Oublions le passé.

PÉTERS, *à genoux.*

Faites le bonheur de vos enfans !

STURM.

Dépend-il de moi de le donner le bonheur ! — Allez, je consens à tout... Fasse le ciel que vous n'ayez pas à vous repentir de votre alliance avec Sturm!

PÉTERS.

Jamais! (*Les deux jeunes gens vont l'embrasser.*)

STURM, *à part.*

Ces embrassemens de l'innocence me cuisent... Malheur pour

leurs jours à venir!... ils sont tous liés à ma destinée, tous!! (*haut.*) Ulrich, et vous aussi! (*Il lui serre la main.*)

PÉTERS.

A tantôt les fiançailles; ne perdons pas un moment... on pourrait encore me l'enlever.

ULRICH.

Qui donc nous arrive?

PÉTERS.

C'est ce maudit Bailli que Dieu confonde!

SCENE XI.

LES PRÉCÉDENS, LE BAILLI.

PÉTERS, *examinant le Bailli qui traverse le pont.*

Quel air cet oiseau noir vient-il croasser ici?

ULRICH.

Cela est sûr : il ne paraît que là où il y a du mal à faire.

PÉTERS.

J'ai envie de le chasser.

STURM.

Il vient de la part de son maître...

LE BAILLI, *approchant de Sturm.*

Vous n'êtes pas à mettre l'ordre dans le reste de votre mobilier?.. Palsembleu!.. nous n'avons pas été longs à en expédier inventaire.

STURM, *avec un geste de fureur.*

Lâche! si je...

LE BAILLI, *bas à Ulrich.*

Monseigneur est dans les environs : il assiste à la fête en question; faites éloigner ce misérable...

ULRICH.

Pourquoi?

LE BAILLI.

Je parle au nom du comte.

STURM, *à Ulrich.*

Au revoir!

ULRICH, *au Bailli.*

Tant de rigueur...

PÉTERS, *à Sturm.*

Vous nous quittez ? (*Tous reconduisent Sturm.*)

LE BAILLI, *arrêtant Charlotte.*

Ma belle enfant, vous n'êtes pas comprise dans l'interdiction..... Justement voici le comte... C'est vous qui le recevrez.

SCÈNE XII.

CHARLOTTE, LE BAILLI, LE COMTE, *suite du comte qui reste dans le fond.*

LE COMTE, *au Bailli.*

Bailli... (*Il lui parle à l'oreille.*) Ne perdez pas un instant. (*Le Bailli sort.*) — Vous, Charlotte !.. Je bénis le ciel qui me fait vous rencontrer seule une autre fois en ma vie.

CHARLOTTE, *avec crainte.*

Que puis-je pour monseigneur ?

LE COMTE.

Vous le savez bien.

CHARLOTTE.

Je sais ce que je dois au rang de M. le comte.

LE COMTE.

J'aiderai donc ta mémoire... — C'était un jour que j'étais à la chasse ; je te rencontrai gardant les troupeaux d'Ulrich...

CHARLOTTE.

Oh ! je me souviens de ce jour-là.

LE COMTE, *lui prenant la main.*

Je te pris la main... je la serrai sur mon cœur...

CHARLOTTE.

Et je m'enfuis... j'étais si troublée, vous m'aviez mise dans un tel désordre... Monseigneur, je vous remercie maintenant de votre amitié.

LE COMTE.

Que d'innocence! — Ne me remercie pas; ce que je te dis alors, je le répète encore aujourd'hui : je t'aime, enfant.

CHARLOTTE.

Alors ne refusez pas vos bontés à ma pauvre famille.

LE COMTE.

Il me force à le punir, ton père ; cependant je veux, en ta faveur, lui rendre ce qu'il a perdu... mais tu sais à quel prix.

CHARLOTTE.

Ma reconnaissance, mon respect...

LE COMTE.

Est-ce cela que je te demande ?

CHARLOTTE.

Je ne puis rien de plus.

LE COMTE, *avec feu.*

Tu peux m'aimer.

CHARLOTTE.

On ne hait jamais un bienfaiteur.

LE COMTE, *avec vivacité.*

Tu feins de ne pas m'entendre... eh bien ! je vais te parler plus clairement. — Tu as rempli mon cœur d'un amour sans bornes, d'un amour effréné... Le feu de tes regards, la douceur de ta voix, le charme répandu sur toute ta personne porte dans mon âme un trouble que je ne puis ni vaincre ni dissimuler... Tu seras à moi.

CHARLOTTE.

A vous, monseigneur... à vous Charlotte ! ne l'affligez pas en vous moquant d'elle. — Je suis indigne de vous ; mais ne cherchez pas à me rabaisser encore en descendant jusqu'à moi.

LE COMTE.

Te savoir entre les bras d'un autre me serait une pensée horrible... Tu seras à moi, te dis-je.

CHARLOTTE.

Non, non, à Péters.

LE COMTE.

Et je souffrirais cet impertinent mariage ! (*Il veut la presser* dans ses bras, *mais on entend appeler.*) Je t'ai dit mon dernier mot; il est irrévocable comme un arrêt du sort..... Rien, rien ne pourra t'empêcher de répondre à mon amour.... Tu m'appartiens, parce que je suis maître, parce que je t'aime.—Et ne pense pas m'échapper... J'aurai l'œil incessamment sur toi. Charlotte, on va célébrer tes fiançailles; mais le lit nuptial n'est pas encore prêt. (*On entend une seconde fois appeler Charlotte.*) — On t'appelle; si tu dis un seul mot, malheur à toi... malheur à toute ta race!

SCÈNE XIII.

LES PRÉCÉDENS, PÉTERS.

Le comte se retire un peu sur le côté du théâtre.

PÉTERS, *avec empressement.*

Je t'ai appelée deux fois.... Pourquoi ne rentres-tu pas? — (*Apercevant le comte.*) Oh! oh! voilà monseigneur!! (*Il lui fait plusieurs révérences*)

LE COMTE.

Vous vous effrayez trop vîte, Péters.

PÉTERS.

Parle donc... te voilà silencieuse comme un saint de bois.

CHARLOTTE, *regardant le comte avec frayeur.*

Rentrons.

PÉTERS.

Allons, vas-tu bouder monseigneur? — Tu n'étais pas si craintive tout-à-l'heure avec ce montagnard.

LE COMTE, *vivement.*

Un montagnard!...

PÉTERS.

Faut-il vous le dire? Je ne suis plus sûr d'être aimé d'elle; et c'est lui qui l'a mise dans l'état où vous la voyez. Si vous vouliez nous délivrer de ce camarade-là, monseigneur...

LE COMTE.

Le connaissez-vous?

PÉTERS.

Non; mais il fait comme s'il connaissait ma future; et c'est ce qui ne m'arrange pas. Aussi, ma foi, j'ai failli lui faire sauter la cervelle ; et si j'eusse ajusté un peu plus bas...

LE COMTE, *regardant Charlotte.*

Faites-moi connaître ce nouveau prétendant, je vous prie. (*Pendant qu'il dit ces mots, Fritz est entré en scène et a remis à Charlotte un billet qu'elle a peine à cacher. — Son émotion est visible.*)

SCÈNE XIV.

LES MÊMES, FRITZ.

LE COMTE, *ironiquement.*

Charlotte, vous vous troublez !

PÉTERS, *apercevant Fritz.*

Par Saint-Gontran ! son émotion n'est pas difficile à expliquer..... Le voilà, celui qui vient ici nous souffler nos maîtresses !

LE COMTE, *à Fritz avec mécontentement.*

Que vous avais-je dit ?

FRITZ.

J'attendais l'heure d'exécuter vos ordres.

LE COMTE.

Je vous trouve bien hardi de les avoir dépassés ! (*le tirant à l'écart.*) Fritz, vous me trompez; cela ne vous réussira pas.....

FRITZ, *avec sang froid.*

Désormais vous me trouverez toujours sur le chemin du devoir. — Je m'en suis écarté, je le confesse, et je m'en repens; mais ma faute me sera pardonnée.

LE COMTE.

Vous serez traité suivant vos œuvres.

FRITZ.

Je ne demande rien de plus.

LE COMTE, *toujours à part.*

Rendez-vous sur-le-champ à la passe du grand Pic.... Vous y

4

attendrez les événemens.... (*se reprenant.*) si toutefois il en survient aujourd'hui.

FRITZ.

Je n'aurai pas long-temps vos bontés sur la conscience. (*Il sort.*)

PÉTERS.

Bon voyage! (*Courant après lui.*) Si vous reveniez dans ces parages, vous me feriez plaisir de prendre une autre route. (*Fritz se retourne vivement vers Péters qui recule d'un ou deux pas*). C'est un petit avis que je vous donne en passant. (*A Charlotte.*) Ce que c'est qu'avoir un comte dans sa manche! — Oh! diable! voici nos convives, et tu n'es pas encore habillée!! (*Les gens de la fête entrent.*)

SCÈNE XV.

LE COMTE, PÉTERS, LE BAILLI, ULRICH, GENS DU COMTE, PAYSANS.

ULRICH, *s'avançant vers le comte.*

Je remercie monseigneur de visiter ses serviteurs à pareil jour.

LE COMTE.

Votre invitation, Ulrich, m'a fait plaisir.

ULRICH.

Ma famille s'est élevée sur vos domaines, et j'ai l'espoir que vous accorderez à mon fils, dont je fête aujourd'hui l'anniversaire et les fiançailles, une partie de vos bontés pour son père.

LE COMTE.

Vous eussiez dû m'avertir de ce mariage.

ULRICH.

Péters épouse la fille d'un homme malheureux....

LE COMTE, *séchement.*

Et qui mérite de l'être.

ULRICH.

Si monseigneur daignait....

LE COMTE.

Laissons ce sujet.... Je n'en veux plus entendre parler.

SCÈNE XVI.

LES MÊMES, CHARLOTTE. (*Les paysans causent entre eux*).

CHARLOTTE, *arrivant parée*.

Cet inconnu m'a indiqué la passe du grand Pic, et cependant l'écrit de Fritz ... (*Elle réfléchit.*) N'importe; je l'ai vu se diriger de ce côté.... — (*Elle s'approche d'Ulrich et lui remet un billet.*) — Lisez !

ULRICH *prend le billet et vient le lire au bord du théâtre.*
Ciel ! Bolmann ! qui t'a remis cela ?

CHARLOTTE.

Un homme que je ne connais pas.

ULRICH.

Je cours ! (*S'approchant du comte*). Pardon, monseigneur, je reviens à l'instant.

PÉTERS, *aux paysans.*

Allons nous rafraîchir. En attendant mon père, M. le comte nous fera l'honneur de déboucher la première bouteille de notre vin du Rhin.

(*Le comte fait un signe de tête affirmatif; tout le monde sort. Charlotte seule reste en scène.*)

CHARLOTTE.

Oserai-je m'y rendre ! — (*Bolmann arrive, et l'on voit le comte qui s'esquive et gravit la montagne avec rapidité.*)

SCÈNE XVII.

CHARLOTTE, BOLMANN.

CHARLOTTE, *avec crainte.*

Ulrich vous cherche.

BOLMANN.

Je l'ai rencontré. (*avec vivacité.*) Rejoignez vîte votre frère !..

CHARLOTTE, *étonnée.*

Vous savez aussi que Fritz....

BOLMANN.

Je sais tout... courez à la passe du grand Pic ! Le comte a sur vous des projets.... Partez ! dans dix minutes il ne serait plus temps.... Par là.... (*Il lui indique la route.*)

CHARLOTTE, *hésitant.*

Mon Dieu !

BOLMANN.

Hâtez-vous ! (*Charlotte sort. — Moment de silence.*) Elle donne dans le piége ! (*Bientôt on entend de grands cris.*)

SCÈNE XVIII.

BOLMANN, STURM, *sortant du verger d'Ulrich.*

STURM.

Qu'est-ce ? Le comte qui se glisse au milieu des rochers !.. (*Les cris redoublent.*) La voix de ma fille !... et sans armes !... (*Il saisit une bêche, Bolmann l'arrête.*)

BOLMANN.

Sturm est mécontent ?

STURM.

Infâmes brigands !

BOLMANN, *le retenant toujours.*

Où courez-vous ?

STURM.

Je n'ai pas le temps...

BOLMANN.

A quelque expédition sur la Linth, peut-être. — Il se fait tard... les ombres des morts rôdent dans les lieux solitaires.... N'avez-vous pas quelque appréhension ?

STURM, *laissant tomber la bêche.*

Les morts n'ont rien à démêler avec les vivans.

BOLMANN.

Quelquefois. — Par exemple, un père qui viendrait demander compte à son fils...

STURM.

Un père !

BOLMANN, *avec un accent moqueur.*

Je vous dis cela comme autre chose. (*Sturm veut se dégager.*) Attendez, vous n'êtes pas pressé, je pense. — (*après un moment.*) En vous approchant des eaux de la Linth, si la face hideuse du meurtrier de votre père....

STURM, *avec véhémence.*

Qui l'a vu ?

BOLMANN.

Tout le monde dit que l'assassin Bolmann est ici....

STURM, *reculant épouvanté.*

Hein !

BOLMANN, *d'une voix terrible.*

Sturm, levez la tête !

STURM *reconnaît Bolmann qui se découvre : il jette un cri perçant et fuit.*

Où me cacher ! (*On le voit traverser le pont et se perdre dans les montagnes.*)

SCÈNE XIX.

BOLMANN, ULRICH.

ULRICH, *accourant.*

Mon frère ! (*il se jette à son cou.*)

BOLMANN, *lui montrant Sturm.*

Vois comme il fuit... Il se livrera, je te l'affirme... ton nom sera purifié !

SCÈNE XX.

LES PRÉCÉDENS, PAYSANS, PÉTERS.

PÉTERS.

Au secours!... on enlève Charlotte! (*il sonne de la trompe, et les paysans arrivent en grand nombre.*)

BOLMANN.

Enfans, sur le chemin d'Underwald...(*à part.*) Tout va bien! (*Les paysans armés passent sur le pont; Péters marche en avant avec une longue faulx; Ulrich les suit.* (Tableau.)

FIN DU DEUXIÈME ACTE.

ACTE III.

(Le lieu de la scène est le même qu'au premier acte ; seulement on n'y voit d'autres meubles que l'horloge, le couteau et la faulx restés à la même place. Il y a encore dans la chambre une table grossière, un banc et un grabat ; toutes choses que les recors ont dédaigné d'emporter.)

SCÈNE PREMIÈRE.

STURM, BERTHE.

BERTHE.

Tu ne rentres qu'à la nuit fermée... et plus triste encore que de coutume... Ne veux-tu pas te confier à ta femme ?

STURM.

Qu'ai-je à t'apprendre autre chose que des malheurs... Je suis frappé !

BERTHE.

Ces chers enfans ont reçu ton consentement... les fiançailles....

STURM.

Tout est fini, Charlotte n'épousera point le fils d'Ulrich. —Bolmann est là...

BERTHE.

Le misérable !... tu l'as assez poursuivi : à quoi te servira d'aller plus loin ?

STURM.

Il ne vient point ici par hasard : la destinée... (*il réfléchit*). Souviens-toi du jour !

BERTHE.

Ne te noircis pas ainsi l'imagination. Va te livrer au repos... la nuit rafraîchit le sang et porte conseil.

STURM.

Autrefois je l'aimais, l'heure des songes... mais il y a bien long-temps! — Femme, crois-tu donc aux rêves? Ils me glacent, moi, et souvent même après le réveil. — L'autre nuit encore j'ai vu Bolmann... j'étais devant lui, terrassé; un de ses pieds foulait ma poitrine : mais une vapeur épaisse l'a bientôt soustrait à mes regards. En cherchant à me relever, j'ai distingué à mes côtés une faulx polie comme un miroir.... (*Il jette les yeux sur la faulx.*) J'y ai jeté les yeux... une trace sanglante imprimée autour de mon cou....

BERTHE, *avec effroi.*

Tais-toi!

STURM.

Et Bolmann aujourd'hui m'a fixé comme l'épervier fixe sa proie. — Berthe, s'il fallait nous quitter!

BERTHE.

Nous quitter!

STURM.

On ne sait. — J'irai demain à Glaris... il y a là une maison de charité... peut-être t'y donnera-t-on un asile.

BERTHE.

Quoi! je t'abandonnerais!

STURM.

Quand l'orme tombe sous la cognée, la vigne qu'il soutenait tombe aussi sans force... Il faut alors la replanter ailleurs.

BERTHE.

Non, mais la laisser mourir.

STURM, *après un moment de silence.*

As-tu vu quelquefois un échafaud?

BERTHE, *surprise.*

Étrange question... Jamais!

STURM.

Ni moi... mais demain, jour du marché, il y a une exécution... J'irai!

BERTHE.

Comme le malheur t'aigrit!.... Autrefois le sang te faisait peur....

STURM, *d'un air d'indifférence.*

Je dis cela; peut-être n'irai-je pas... O femme! promets, quoi qu'il arrive, de te souvenir que je t'ai aimée... Mais j'entends venir...

SCÈNE II.

LES MÊMES, LE PASTEUR.

LE PASTEUR.

Amis, j'arrive du château, où j'ai vainement attendu le comte jusqu'à la brune.... Je voulais le voir à cause de vous.

BERTHE.

Votre bonté pour le pauvre est infinie... Dieu vous récompensera...

STURM.

Oui, oui.

LE PASTEUR.

Je n'ai pu vous secourir comme je l'aurais voulu.

STURM.

Ce n'est pas votre faute, si Sturm est effacé du livre de la vie.... — Maintenant quand je mourrais.... qui en souffrira ?.... Assez d'hommes se meuvent sur cette terre de douleur.... Un de plus ou de moins n'y fait rien.

LE PASTEUR.

Dieu n'a jamais trop d'enfants.... Tout espoir n'est pas perdu.

STURM, *d'un air persuadé.*

Perdu... perdu!!

LE PASTEUR.

Je reverrai le comte.

STURM.

Inutile... les décrets d'en haut s'accompliront!

LE PASTEUR.

Inconcevable découragement!

STURM.

Berthe, laisse-moi seul un moment avec le pasteur.

(*Berthe s'éloigne*).

SCÈNE III.

STURM, LE PASTEUR.

STURM, *regardant d'un air de terreur s'il n'est point écouté.*

Nous sommes seuls...

LE PASTEUR.

Qu'avez-vous ?... Vos lèvres sont livides, vos traits retirés... Quelque chose d'extraordinaire se passe en vous.

STURM.

Mon secret m'échappe ; ma poitrine ne peut plus le contenir.

LE PASTEUR.

Ouvrez-vous à moi; votre pensée est en sûreté dans mon cœur.....

STURM.

Je ne vous demande pas le silence.... Mon nom doit servir d'épouvante aux générations des fils de la montagne.... et vous leur répéterez : tel était Sturm.... il est mort accablé.

LE PASTEUR.

Vous me faites frémir....

STURM.

Que sera-ce quand je paraîtrai nu devant vous. Alors l'homme des miséricordes me livrera lui-même à l'exécration. — Pasteur, mon heure approche.... Et tant mieux, car la vie m'écrase.—Mais, que deviendront ma femme.... ma fille ?— Leur crime est de m'avoir trop aimé !... Promettez-moi de veiller sur elles, de les protéger ! La terre me sera trop lourde si j'emporte, en mourant, la conviction que deux êtres innocens auront à souffrir seulement à cause de mon nom !...

LE PASTEUR.

Pourquoi ne viendrai-je pas à leur aide ?

STURM, *comme ranimé.*

Bien.... bien! — Et vous ne me rendrez pas trop hideux devant elles, n'est-il pas vrai ?

LE PASTEUR.

La douleur vous égare !...

STURM, *lui montrant le couteau.*

Voyez !...

LE PASTEUR.

Je vois des murs dépouillés....

STURM.

Il ne me devine pas.... Faudra-t-il donc tout vous dire ? (*Il indique toujours le même endroit*).

LE PASTEUR.

Cette horloge....

STURM.

Qui vous parle de cela.... Ah ! oui, ils l'ont laissée ici... C'est encore le sort. — (*Il fait une pause.*) Entendez-vous le mouvement monotone de son balancier ? Comme il va vîte !.... Les heures m'emportent.

LE PASTEUR, *avec effroi.*

Sturm !

STURM.

M'emportent, vous dis-je. — Regardez ce doigt qui écrit : L'échafaud ! l'échafaud !.. Homme de Dieu, les morts sortiront de la tombe pour me voir passer... vous entendrez leurs cris de joie.

LE PASTEUR.

Quelle horrible pensée !

STURM, *dans le plus grand abattement.*

Vous feignez de ne pas m'entendre... et vous savez tout....— STURM A TUÉ SON PÈRE !!!

LE PASTEUR.

Imposture ! ils le disent... mais je ne les ai pas crus.

STURM, *d'une voix âpre.*

C'était à la seconde veille de la nuit.... Il revenait de la ville voisine. — N'avez-vous point passé à cette heure sur les bords de la Linth ? Depuis ce temps... les esprits de ténèbres viennent là, chaque nuit, se réjouir du crime de l'homme.

LE PASTEUR.

Encore une fois, cessez ces discours....

STURM.

Je dis ce qui est... Vous rappèlerai-je le nom de Bolmann !...

A tous, il a paru coupable... Oh ! que ne suis-je parvenu à me persuader aussi qu'il le fût en effet !

LE PASTEUR, *lui montrant la croix, et d'une voix forte.*

Et Bolmann était innocent !.. Parricide ! va prier... Fais pénitence !

STURM.

Puis-je encore sauver mon âme ! (*Il s'enfuit.*)

SCÈNE IV.

LE PASTEUR, *seul.*

Cœur de l'homme, abîme sans fond, qui peut te combler quand Dieu t'a délaissé !....—Le malheureux.... son forfait est exécrable ! et cependant l'abandonnerai-je dans un moment où il s'abandonne lui-même ? — Ah ! si le sauveur du monde ne sut qu'aimer et pardonner, son serviteur ne doit-il que menacer et maudire ? — Mon Dieu, tes jugemens sont incompréhensibles.... Toute une famille tombe affaissée sous le crime de son chef.... une famille innocente ! Mais en même temps tu m'ordonnes d'avoir pitié d'elle, et d'avancer mon bras pour la relever.... Allons !

SCÈNE V.

LE PASTEUR, FRITZ.

FRITZ, *avec l'air préoccupé. Il est revêtu d'un long manteau blanc de hussard.*

Ni Sturm, ni Berthe !

LE PASTEUR.

A cette heure, que voulez-vous d'eux ? *Le reconnaissant*). Vous, jeune homme !... Après ce qui s'est passé tantôt, devriez-vous revenir dans cette demeure ?

FRITZ.

Et cependant j'y demande un asile pour cette nuit.

LE PASTEUR.

N'êtes-vous plus chez le comte ?

FRITZ.

Non.

LE PASTEUR.

Tant mieux... vous avez senti combien votre conduite était criminelle.

FRITZ.

Sturm est vengé.

LE PASTEUR.

Que voulez-vous dire ?

FRITZ.

Le comte est mort....

LE PASTEUR.

Un meurtre !

FRITZ.

Pasteur, ne me croyez point capable d'un tel crime... je suis soldat.

LE PASTEUR.

Que dois-je croire ?

FRITZ.

Pendant la fête d'Ulrich, le comte avait préparé de nouvelles embûches dans lesquelles on devait aussi me prendre. Mais avec un peu de courage, j'ai dispersé les ravisseurs lorsqu'ils allaient s'emparer de Charlotte.... Le comte seul a résisté ; il est tombé sous mon sabre.—Pendant le combat, Charlotte a fui... Je suis dans une mortelle inquiétude... N'est-elle point revenue ?

LE PASTEUR, *d'un ton pénétré.*

Malheureux jeune homme !... partez.

FRITZ.

A la pointe du jour... pas avant.

LE PASTEUR.

Qui vous retient ?

FRITZ.

Vous êtes homme d'honneur... je puis m'ouvrir à vous ; seulement gardez le silence jusqu'au départ.

LE PASTEUR.

Je ne m'engage point.

FRITZ, *à voix basse.*

Je suis fils de Sturm !

LE PASTEUR.

Son fils ?

FRITZ.

Jugez si je prends quelque intérêt à celui que vous défendez avec tant de chaleur.

LE PASTEUR, *attendri.*

Ne vous faites point connaître... Hélas ! c'est inutile...(*Après une pause.*) Infortuné ! tu n'as plus de famille ; mieux vaudrait pour toi n'être pas né... Retourne au lieu d'où tu es parti... et ne reviens plus.

FRITZ, *avec un sentiment douloureux.*

Ainsi, tout ce qu'ils m'ont dit est vrai... Le ciel n'a permis que je revinsse respirer l'air natal que pour apprendre cet horrible secret.

LE PASTEUR.

Je vous plains ; mais...

FRITZ.

Laissez-moi douter encore... Il est mon père, et je ne renierai point son sang. — Demain, je partirai au crépuscule... mais il faut que je passe la nuit ici. Je veux le voir, sonder les plaies de son âme... Du reste, je puis le tirer de la misère où il est plongé ; j'ai dans cette ceinture une forte somme d'or ; je la lui abandonnerai... j'embrasserai ma mère, et j'irai me faire tuer.

LE PASTEUR.

Cette résolution...

FRITZ.

Qu'est-ce que la vie qu'on expose devant un boulet de canon ?.... le soldat qui meurt va dormir en paix dans la tombe des braves !... Pasteur, je ne vous demande qu'une chose... obtenez que je passe ici la nuit.

LE PASTEUR.

Le voudront-ils ? — Voici Berthe, sortez ; je vais lui parler.

(*Fritz sort*).

SCÈNE VI.

LE PASTEUR, BERTHE.

LE PASTEUR.

Vous pleurez... du courage ! les larmes ne peuvent rien contre le sort.

BERTHE.

Mes souffrances, je les supporterais patiemment si Sturm reprenait un peu de calme. Mais il me fuit.... il ne me reconnaît plus.... je lui tends les bras.... il ne m'accueille qu'avec d'horribles paroles.

LE PASTEUR.

Ne vous étonnez pas si sa tête est en délire... il a ressenti profondément la secousse des évènemens de ce jour... le temps seul peut le remettre.

BERTHE.

Qui donc vient de sortir ?

LE PASTEUR.

Un homme que vous avez déjà vu... celui qui, ce matin....

BERTHE.

Le ravisseur de ma fille ! que demande-t-il ?

LE PASTEUR.

L'hospitalité.

BERTHE.

A nous ?

LE PASTEUR.

Je vous engage à ne pas l'éconduire.... Dès l'aube du jour, il doit partir.... Alors vous pourrez apprendre ce qu'il est. — Berthe, c'est peut-être la dernière fois que vous verrez ce jeune homme... Vous vous repentiriez de ne l'avoir point reçu.

BERTHE.

Je l'avouerai : malgré ses torts, je ne sais quel penchant m'attire vers lui... Je serais contente s'il habitait la vallée... mon cœur ne se ferait point violence pour lui accorder les sentimens d'une mère. — Mais tourmenté comme il est, Sturm consentira-t-il à recevoir personne ? — cela serait-il même prudent ?...

Ses discours sont si bizarres! — D'ailleurs ils ne nous ont rien laissé... Cet étranger reposerait donc sur la paille ?

LE PASTEUR.

Tout lui conviendra.... Et je réponds de lui.

SCÈNE VII.

LES MÊMES, CHARLOTTE.

CHARLOTTE, *accourant et tombant évanouie sur un banc.*

Ma mère !!

BERTHE, *s'empressant.*

Qui t'a mise en cet état ?

CHARLOTTE.

Des brigands qui vont entrer ! — Cachez-moi !

LE PASTEUR.

Vous êtes dans la maison de votre père... Rassurez-vous.

CHARLOTTE.

Ils vont assassiner mon frère.... Fritz se bat contre tous. — Le comte.... Le comte !!

LE PASTEUR.

(*A Berthe.*) La frayeur lui trouble l'esprit.... Charlotte, tout est fini....

CHARLOTTE.

Ne dites pas cela.... j'ai appelé du secours; les échos seuls m'ont entendue. — Sauvez, sauvez, Fritz.... je vous montre le chemin ! (*Elle part comme un trait.*)

BERTHE.

Ne l'abandonnez pas !   (*Le pasteur sort.*)

SCÈNE VIII.

BERTHE, STURM.

STURM, *descendant de la montagne comme un homme attaqué de vertige.*

Ombre épouvantable, retire-toi ! (*Il fait un cri*). Berthe !

BERTHE, *avec saisissement.*

Quelle idée t'obsède ?

STURM.

Ecoute ses paroles : (*Comme s'il répétait à voix basse des mots qu'il entend.*) Réprouvé!... rentre pour jamais.... dans les ténèbres!... Là tu souffriras et ne verras point Dieu !

BERTHE.

Je ne vois rien.... (*Elle prête l'oreille attentivement.*) Je n'entends que le souffle de la bise d'automne agitant la feuille qui tombe de l'arbre.

STURM.

N'y a-t-il que pour moi des apparitions ?—Ouvre les yeux... Sa blessure est encore rouge!... un peu au-dessous du sein! (*Il s'arrête haletant*). Ce jour-là il tomba mort.... et maintenant il revient.... il revient pour accabler son fils !

BERTHE.

Assieds-toi : ces funestes images se dissiperont.

STURM, *continuant sans l'écouter.*

Il marche à mes côtés, comme le prévôt chargé de lire la sentence au criminel.... Sa main froide a laissé son empreinte sur tout mon corps.... — Satan, ouvre tes gouffres ! Cela sera plus tôt fini !

BERTHE.

Ah !

STURM, *plus calme.*

Tu ne me comprends pas..... Non, tu ne saurais me comprendre ! Tu as la main sans tache, toi !

BERTHE, *d'un air de résignation.*

Espérons en Dieu !

STURM.

Espérer ! et quoi donc?—Tout n'est plus devant nous qu'horreur. Mais avant d'arriver au terme, il faut que justice soit faite — J'irai demain à Glaris.... chez le juge.

BERTHE, *qui ne saisit pas le sens des paroles de Sturm.*

Il ne t'écoutera pas... Ces gens puissans sont si durs !

STURM.

Je lui dirai tout.... Il ne me fera pas attendre.

BERTHE, *secouant la tête.*

Tant mieux, mais j'en doute.

STURM.

Du moins je ne tenterai pas d'échapper... A quoi bon? il en faudra toujours venir là.

BERTHE.

Qu'est-ce à dire?

STURM.

Je les prierai d'avoir pitié de toi. — Chère Berthe, couvre ta tête d'une mante noire; car j'irai demain à Glaris!

BERTHE, *à part.*

Je ne puis plus soutenir son aspect.... (*Elle sort, et Péters accourt*).

SCÈNE IX.

STURM, PÉTERS.

PÉTERS.

Les scélérats... Ils l'ont encore enlevée!

STURM, *machinalement.*

Qui?

PÉTERS.

Ma fiancée !...

STURM.

Ah! ah! Charlotte.... je sais. — De quoi te plains-tu?

PÉTERS.

Ne l'avez-vous point vue?

STURM, *répondant à ses propres idées.*

Si fait... si fait!

PÉTERS.

Vous ne me trompez point?

STURM.

Péters... que me demandes-tu? — Sans doute, il était là.... mais il a disparu. — A présent tout est calme.... Et cependant ne sens-tu pas, sur sa trace, un air pénétrant qui saisit... Dis Péters, n'as-tu pas froid?

PÉTERS, *le fixant étonné.*

J'ai couru la montagne et la vallée; je suis baigné de sueur.

STURM, *d'un ton bizarre.*

Je n'y conçois rien... Moi, j'ai le sang figé.—Touche; je tremble... (*Péters va pour le toucher.*) Imprudent!... Tu ne sais donc pas!...

PÉTERS, *tremblant de peur.*

Ne me retenez plus; je veux la retrouver ou mourir.

STURM.

Ainsi tu ne renonces pas à devenir mon fils?

PÉTERS.

Je ferai tout pour rendre heureux le père de ma Charlotte.... Mais si je n'allais plus la revoir!

STURM.

Tu la reverras, Péters... elle doit t'apporter aussi sa dot.

PÉTERS.

Son cœur me suffit.

STURM.

Les présens de noce se préparent....

PÉTERS, *l'interrompant.*

Je n'en veux point.

STURM.

Se préparent, mon ami... (*Une pause.*) dans la maison de justice.

PÉTERS.

Encore une fois....

STURM, *comme un forcené.*

Ils viendront tous, tous.... voir tomber ma main... et fuiront en me nommant Caïn!—Et quand le bourreau descendra de la planche fatale, il ira laver ses doigts, et reculera d'horreur en songeant quel sang il a versé.—Péters, mon fils, viendras-tu donc aussi me voir mourir, toi?

PÉTERS, *s'enfuyant.*

Charlotte! Charlotte!

STURM.

Tout le monde s'éloigne de moi, comme d'un fantôme qui

5*

sort des cimetières. (*Il passe alors en murmurant dans la grange. Berthe et Fritz, au fond du théâtre, le regardent attentivement et avec compassion*).

SCÈNE X.

FRITZ, BERTHE.

FRITZ, *poursuivant sa conversation.*

Pour cette seule nuit, l'hospitalité.

BERTHE.

Ne vous souvient-il plus...

FRITZ.

Laissez les reproches ; tout est expié. — Je ne vous fatiguerai pas long-temps de ma présence... j'irai rejoindre l'armée d'où je ne reviendrai plus. — Hélas ! j'espérais embrasser, dans ce pays, un père, une mère... que je n'avais pas vus depuis long-temps.... Eh bien ! je m'en retourne sans avoir reçu leur adieu.

BERTHE.

Vous aimez donc vos parens ?

FRITZ.

De toute mon âme.

BERTHE.

(*A part.*) Il n'est pas méchant.... (*Haut.*) Pourquoi donc avez-vous servi le comte ?...

FRITZ, *sans répondre.*

Ah ! si mes parens eussent voulu me reconnaître ! Mais ils m'ont pris pour un étranger... ils m'ont reçu comme tel.

BERTHE, *avec émotion.*

Vous paraissez bien jeune encore ?

FRITZ.

J'ai vingt-quatre ans... et pourtant je suis déjà vieux dans les rangs de l'armée.

BERTHE.

J'aurais à présent un fils de votre âge.

FRITZ.

Un fils... qu'est-il devenu?

BERTHE.

Il partit un jour, et depuis je ne l'ai plus revu.—Malheureux enfant!... il s'en est allé chargé d'un pesant fardeau! Son cœur avait à se faire de terribles reproches.

FRITZ, *avec sollicitude.*

Vous le haïssez donc?

BERTHE.

Je ne sais... mais je l'ai bien pleuré.—L'amour d'une mère s'aliène si difficilement!

FRITZ.

Vous le reverrez, peut-être.

BERTHE.

Jamais! son père a prononcé contre lui les paroles de mort.

FRITZ.

S'il vit, il est à plaindre!.. Mais écoutez; je puis le voir à l'armée... il arrive tant de rencontres aux hommes qui voyagent! Alors je lui dirai que vous avez conservé de lui un souvenir de mère... cela rendra son sac moins lourd quand il marchera vers l'ennemi durant les chaleurs de la journée... et s'il tombe blessé à mort, en se rappelant sa mère... son agonie sera moins douloureuse.

BERTHE.

(*A part*). Le son de sa voix me pénètre l'âme. (*à Fritz.*) Oui, vous resterez avec nous...   (*Sturm rentre*).

SCÈNE XI.

LES MÊMES, STURM.

STURM, *sans reconnaître d'abord Fritz.*

Que veut cet étranger?

BERTHE.

Il est sans asile... et voudrait passer ici quelques heures.

STURM, *regardant Fritz.*

Je ne me trompe pas ; c'est le serviteur du comte... Vous êtes bien confiant de vous livrer ainsi entre les mains de Sturm !

FRITZ.

Je viens en toute sécurité vous demander un abri. — Un jour viendra, et ce jour n'est pas éloigné, où vous apprendrez que je n'étais point un malfaiteur.... Mais alors je serai loin de vous.

STURM.

Ne me parle plus de cela... tu soulèves en moi des sentimens terribles comme l'avalanche qui fond sur le voyageur.

FRITZ.

Vos préventions sont justes ; mais ma conscience m'excuse.

STURM.

Ta conscience.... et elle est en paix, ta conscience ?

FRITZ.

Ce matin encore....

STURM.

Que dis-tu, ce matin ?... Il y a mille ans que le soleil d'aujourd'hui s'est levé derrière les monts. Je me rappelle la matinée, comme le vieillard les premières peines qu'il éprouva en entrant dans la vie. — Que d'événemens se sont passés depuis !

BERTHE.

Tu veux bien qu'il reste ?

STURM, *préoccupé.*

Qu'importe... ici ou ailleurs !

(*Il s'assied sur le banc et reste immobile*).

SCÈNE XII.

LES PRÉCÉDENS, LE PASTEUR.

LE PASTEUR, *à Berthe qui s'est avancée vers lui.*

Charlotte est en sûreté.... Quelques paysans qui étaient à sa recherche la reconduisent chez Ulrich.

BERTHE.

Dieu soit loué... (*Lui montrant Fritz.*) Sturm consent... mais si vous saviez dans quel état il est!

LE PASTEUR.

Laissez-le donner cours à sa douleur... cela ne peut que lui faire du bien. — Si vous l'entendez prononcer quelques mots sans suite... extravagans même, ne vous effrayez pas; ne cherchez point à leur donner un sens.

FRITZ, *s'approchant du pasteur.*

Merci, pasteur.

LE PASTEUR, *bas à Fritz.*

Sa tête est perdue... craignez d'exaspérer encore ses idées.

STURM, *se tournant vers le pasteur.*

C'est vous... la nuit est bien obscure pour regagner la cure.

LE PASTEUR.

Je suis habitué à marcher pendant la nuit.... je connais les sentiers de nos montagnes.

STURM.

Si vous aviez pu rester ici.

LE PASTEUR.

Je ne suis pas rentré depuis ce matin.... ma femme, mes enfans sont dans l'inquiétude. — A demain!

SCÈNE XIII.

STURM, BERTHE, FRITZ.

BERTHE.

En vous donnant un gîte, c'est tout ce que nous pouvons faire. Voilà le seul grabat qui nous reste... les gens du comte ont dédaigné de l'emporter.

FRITZ.

Un soldat n'est point fait au duvet... J'ai passé tant de nuits sous la tente, exposé à toutes les intempéries de l'hiver.... Un peu de paille me suffira.

BERTHE, *lui montrant la grange.*

Vous en trouverez dans cette grange. — Bon repos ! bonne nuit !

STURM, *après un instant d'irrésolution.*

Vous avez donc servi, vous?

FRITZ, *revenant sur ses pas.*

Dix années dans les troupes impériales... et qui n'ont pas été dix années d'oisiveté.

STURM.

Plus j'y réfléchis, et plus je trouve singulière votre conduite. — Quels motifs vous amènent dans ce pays.... pourquoi surtout le costume montagnard sous ce manteau militaire?

FRITZ.

Il est des secrets qui tiennent à la vie de l'homme toute entière... et qui ne peuvent être ainsi dévoilés. (*Il soupire.*)

STURM, *l'examinant avec curiosité.*

Vous n'êtes pas tranquille?

FRITZ.

Qui peut se flatter de l'être toujours? Le ciel ne m'a point privilégié... et tel que vous me voyez, j'ai déjà subi dans ce monde de cruelles traverses. — J'étais bien jeune encore lorsque, pour la première fois, j'ai tremblé devant l'avenir.

STURM.

Votre langage annonce que vous êtes de ces contrées; cependant je ne vous vis jamais... moi qui n'ai point quitté les montagnes.

FRITZ.

J'étais jeune, très jeune, ai-je dit, quand je partis... et la Suisse ne m'a jamais revu.

BERTHE.

Vous me parliez de vos parens....

FRITZ, *incertain et déconcerté.*

De mes parens.... oui.

STURM, *d'une voix élevée.*

Leur nom ?

FRITZ, *sans répondre.*

En m'éloignant de la maison paternelle, un seigneur allemand, que je rencontrai sur ma route eut pitié de ma détresse et de mon jeune âge... Il m'offrit de le suivre, j'acceptai, et il m'éleva jusqu'au moment où je pus prendre du service. — Depuis, je ne saurais vous dire comment j'ai vécu. — Mon pays, où je ne pouvais plus reparaître, occupait toujours mon souvenir — (*Perdant le fil de sa narration, et comme intimidé.*) Les uns disent que je suis un brave, car j'ai versé beaucoup de sang.... mais moi !... (*Il dépose sa ceinture sur la table.*) Au surplus, en voilà le prix.

BERTHE, *avec inquiétude.*

C'est à la guerre que vous l'avez gagné ?

FRITZ.

Oh ! sans doute.... bonne Berthe.

STURM, *d'un ton de défiance.*

Ne me direz-vous pas quels sont vos parens ? — Je les connais peut-être.

FRITZ.

Qu'est-il besoin ?

STURM, *le regardant fixement.*

As-tu peur aussi de nommer ton père ? — Tiens, mon ami, je t'assure que tu as tort de venir ici.... Je te l'ai déjà dit : ton regard m'inquiète... toute ta personne m'est odieuse... mon cœur te repousse. — Je ne sais pourquoi, quand je t'examine, il me vient mille pensées funestes qui m'assaillissent comme des pressentimens. — Ne t'assieds pas.... et pars demain avant l'aube.... Je ne sais ce qui arriverait si je te rencontrais une autre fois sur ma route.

BERTHE, *d'un air tranquille.*

Il est notre hôte, Sturm !

FRITZ, *à part.*

C'en est fait, il ne me reconnaîtra pas.

BERTHE.

Jeune homme, retirez-vous. (*A part.*) Ne l'irritez pas.

(*Fritz entre dans la grange ; Berthe en referme la porte qu'elle barre avec le grabat*).

SCÈNE XIV.

STURM, BERTHE.

STURM, *mécontent*.

Tu as accueilli cet étranger.... Ne devrait-il pas t'être suspect aussi bien qu'à moi ?

BERTHE.

Je lutte en vain contre l'intérêt qu'il m'inspire... En le voyant j'éprouve, comme toi, je ne sais quel sentiment indéfinissable : mais loin de m'éloigner, ce sentiment m'attire vers lui.—Te l'avouerai-je ? il me semble que je vois, que j'entends notre fils.

STURM.

Visions de femme !... Je me connais en figures humaines, crois-moi... et je me trompe fort si les terreurs qui agitent ce vagabond... As-tu remarqué comme il pâlissait quand je lui faisais des questions ?

BERTHE.

Son air n'est pas rassuré, cela est vrai : mais ne soupçonnons pas le crime... Il est jeune et par conséquent timide....

STURM.

Lui timide ! lui qui a gagné, sur les champs de bataille, de quoi remplir d'or cette large ceinture !

BERTHE.

La fortune est avare pour les uns, prodigue pour les autres. — Il y en a qui marchent dans l'ornière et qui y trouvent des trésors.

STURM.

Tout ceci ne m'explique rien. — Qui sait si cet homme n'est point poursuivi par la justice ? Quel motif a-t-il de fuir la nuit de chez le comte ? — Femme, encore une fois, tu ne devais pas recevoir cet inconnu.

BERTHE.

Bientôt il ne sera plus question de lui.

STURM, *se rapprochant de Berthe.*

Si nous l'arrêtions ?

BERTHE.

Y penses-tu ?

STURM.

Demain il ne sera plus temps... que de choses peuvent se passer d'ici là !

BERTHE.

S'il est coupable, sommes-nous chargés de le punir ?

STURM, *avec une impatience très-marquée.*

Tu ne veux pas m'écouter... Alors tais-toi, car tes paroles allument mon sang... Va dormir ; voilà ta couche. — Demain tu seras sans gîte... demain, m'entends-tu ?

BERTHE.

Qu'y faire ?

STURM, *avec une véhémence concentrée.*

Va te reposer encore une fois... va ! tu dois être lasse. — Et moi, j'ai besoin d'être seul... de me recueillir.

BERTHE.

Tu paraissais calme à l'instant, et voilà que ton regard redevient farouche...

STURM, *lui indiquant le grabat.*

Qu'ai-je dit ? (*Berthe va s'y jeter tout habillée. Le rideau vert tombe sur elle.*)..
....
....
....

STURM, *après s'être promené long-temps.*

Combien ses discours me font mal..... comme ils irritent mes nerfs ! — Et cependant la vie m'abandonne..... mon bras peut à peine soulever le plus léger fardeau. (*Il va machinalement prendre la bourse.*) — De l'or ! et la faim hideuse va bientôt déchirer les entrailles de cette femme. — De quel droit possède-t-il cela, quand je m'éteins dans la misère ? — Il l'a dit : c'est le prix du sang ! — Du sang !... ne s'agit-il donc que de si peu... Moi aussi je l'ai fait couler... et l'Enfer sait de quelle blessure!... Voilà pourtant l'état où je suis réduit! Les membres de Sturm se roidiront dans la rage sourde du besoin... et, jusqu'au dernier moment, la Providence refusera aux sueurs âcres de son corps, les mêmes biens qu'elle prodigue à tant d'autres qui daignent à peine se courber pour les ramasser. — Allons donc, lâche, prends ton parti! (*Il s'approche doucement de l'alcove et écoute.*) Elle dort... peut-être dans l'oubli de ses maux! (*Il revient sur ses pas.*) — Demain, l'étranger continuera sa route.... et au déclin du soleil, il ne se souviendra plus qu'il a reçu l'hospitalité dans la chaumière du pauvre. — (*Il va tâter la ceinture.*) Il prendra son or... le comptera sous mes yeux... sans en laisser tomber la moindre parcelle sur mon foyer! — L'homme n'a donc d'entrailles que pour sentir le besoin! (*Marchant rapidement vers l'alcove.*) M'y voilà! (*Il heurte du pied la couche.*)

BERTHE, *à demi-voix et se frottant les yeux.*

Viens chercher aussi le sommeil.... approche!... Vois-tu, j'ai peur ici.... un cauchemar affreux m'oppresse la poitrine... Malgré moi je m'assoupis.... et pourtant je devrais veiller! (*On n'entend plus que quelques mots qu'elle balbutie comme une personne qui se rendort.*)

STURM, *d'un air dur.*

Dors! dors... et ne t'occupe pas de moi. (*Après une longue pause.*) On dirait que je suis un novice.... je tremble et n'ose approcher.... Pourtant, qui m'arrête? — Peut-être un scélérat de moins! — Pourquoi ces appréhensions... Je fus plus prompt sur les bords de la Linth! (*Fixant son regard sur quelque chose qu'il croit apercevoir.*) Encore cette figure devant moi! (*Forçant la voix sans qu'elle cesse d'être basse.*) Eh bien! qu'ai-je à faire?... parle!... Berthe mourra-t-elle de faim? (*Avec véhémence.*) — Je t'interroge et tu ne réponds pas! (*Il hausse les épaules et retourne à l'alcove.*) — Elle chante, la malheureuse! (*Il écoute.*) Hein! je connais ce chant!... la complainte du parricide!... (*Berthe murmure un chant plaintif dont on ne saisit que quelques mots entrecoupés.*)

Il fit couler le sang d'un père! (*Sturm répète ce vers.*)

Présage de mort! elle chante ma fin. — Le temps presse.... il faut que cela se termine. (*D'un air de joie féroce.*) J'irai donc à Glaris.... voilà qui est arrêté. Mais qu'importe que ce soit pour une chose, pour une autre... ou pour toutes deux à la fois? Il n'y aura toujours qu'un coup. — (*Avec terreur.*) Mais cette ombre terrible ne me quitte pas.... son doigt étendu vers ce lieu.... N'attends-tu donc que le moment? Eh bien! eh bien! tout est dit. (*Il se précipite vers le couteau, prend la bourse et la jette sur le chevet de Berthe.*) Elle est à toi... Adieu, femme, adieu! (*Il saute dans la grange. — La pendule sonne une heure; l'on entend un grand cri. Berthe se lève précipitamment.*)

SCÈNE XV.

STURM, BERTHE, FRITZ.

FRITZ, *tout sanglant.*

Sturm, je suis votre fils! ah! qu'au moins la main qui me tue me rende sa bénédiction.

BERTHE, *tombant évanouie.*

Maudit sois-tu! c'était le sang de mes entrailles.

STURM, *d'une voix terrible.*

La destinée est accomplie : je suis un monstre... J'avais commencé par mon père, je devais finir par mon fils. — Le feu qui consume éternellement, déjà s'empare de moi! Non, non, le néant n'est pas!

SCÈNE XVI.

LES MÊMES, CHARLOTTE, PÉTERS, LE PASTEUR.

CHARLOTTE, *respirant à peine.*

Mon père, sauvez-vous! des hommes armés viennent ici.... L'on vous accuse d'avoir tué le comte. (*Apercevant Fritz qui lui tend la main et tombe inanimé*). Fritz! ah!

BERTHE, *revenant et désignant Sturm.*

Il l'a tué! (*Charlotte reste immobile dans un état complet de stupeur*).

LE PASTEUR.

Dieu de bonté, tu l'as permis!

SCÈNE XVII ET DERNIÈRE.

LES MÊMES, BOLMANN, LE BAILLI, ULRICH, GENS ARMÉS.

BOLMANN.

Je vous avais prédit que vous me reverriez, Sturm.... C'est aujourd'hui votre tour... LE TREIZE OCTOBRE!

STURM, *montrant Fritz baigné dans son sang.*

Voyez si j'ai peur... mon fils!

LES ASSISTANS.

Parricide!!

STURM, *avec calme.*

Menez-moi devant le juge.... j'ai besoin de mourir.

FIN DU TROISIÈME ET DERNIER ACTE.

www.ingramcontent.com/pod-product-compliance
Lightning Source LLC
LaVergne TN
LVHW021004090426
835512LV00009B/2069